KB080844

지금부터 재판을 시작하겠습니다

소설 쓰는
판사의
법정 이야기

정재민 지음

"지금부터
재판을
시작하겠습니다"

창비

# 차례

# 법대 위에 따뜻한 음식을 차리고 싶었습니다

이 글은 형사법정의 풍경과 판사의 마음속 풍경을 스케치한 글입니다. 십여 년 판사 생활 동안 다른 종류의 재판도 안 해본 것은 아니지만 굳이 형사재판에 주목한 이유는 그것이 가장 중요한 재판이라 믿기 때문입니다. 다른 재판은 '사건'을 재판하지만 형사재판은 '사람'을 재판합니다. 다른 재판은 '돈'을 다루지만 형사재판은 '정의'를 다룹니다. 다른 재판은 '법적효력'을 밝히지만 형사재판은 '진실'을 밝힙니다.

가슴속에 쌓아둔 말이 가장 많았던 재판도 형사재판이었습니다. "판사는 판결로만 말한다"고 해서 무표정의 철가면을 쓰고 웃지도, 울지도 못하고 법대 위에서 가슴속으로 삼켰던 감정의 조각들을 이제는 털어놓고 싶었습니다. 그와 함께 법정에

도, 감옥에도, 법복 속에도 사는 듯 살아보려는 사람들이 있더
라는 사실도 증언하고 싶었습니다.

제 글이 대단한 삶의 지혜나 깊은 통찰을 보여주지는 못할
것입니다. 제게 그럴 수 있는 능력도, 자격도 없습니다. 판사로
서 저는 사회를 진보시키는 획기적인 판결을 내놓지도 못했고,
정의의 투사였던 것도 아니며, 빛나는 자리에 오른 적도 없고,
인품이 고매한 것도 아니었습니다. 한 인간으로서의 민낯은 더
내세울 것이 없습니다.

대신 저는 최대한 솔직하고자 애썼습니다. 판결문을 쓸 때에
는 판례 뒤에 저의 가치관을 숨길 수 있고 소설을 쓸 때에는 허
구라는 모자이크로 저의 자의식을 가릴 수 있지만, 어차피 이
런 에세이에는 저의 알몸과 밑천이 고스란히 드러납니다. 제
자신을 꾸미려고 글로 이런저런 분칠을 해봐도 싸구려 가발처
럼 티가 나는 법입니다.

다만 솔직하게 썼다고 해서 제 말이 다 옳다고 단정하는 것
은 아닙니다. 단정적 어미로 끝맺은 문장들도 그저 문장의 간
결미를 위한 것일 뿐입니다. 판사의 마음이 어떻다는 것도 그
저 제 마음이 그렇다는 것뿐입니다. 전국 삼천명 법관의 법복
은 같아도 그 속의 가슴까지 모두 같을 리 없습니다. 이 글에 나
오는 재판 사례들도 실제 사건의 얼개만 놓고 제가 공익과 당

사자 신원 보호를 고려해서 각색한 것입니다.

재판은 상처로 시작해서 상처로 끝납니다. 시작하는 상처는 당사자들끼리 주고받은 것이지만 마지막 상처는 판사가 줍니다. 당사자의 상처에 비할 바는 아니지만, 판사도 남의 치부를 드러내고, 잘못을 지적하고, 처벌을 할 때마다 상처를 받습니다. 화재를 진압하는 소방관도 한번씩 화상을 입는 것과 같습니다. 그러다보니 재판을 하다가 불현듯 울적해질 때가 있습니다. 그럴 때면 저는 혼자서 맛있는 음식을 먹으러 가곤 했습니다. 따뜻하고 정갈한 밥 한끼, 뜨끈한 탕 한그릇, 얼큰한 라면이나 시원한 냉면 한사발, 달달한 빵 한조각을 천천히 먹고 있으면 울적함의 조각이 커피 속 각설탕처럼 스르륵 녹아버렸습니다. 음식을 입 안에 넣고 오물오물 씹을 때, 보들보들해진 음식을 목구멍으로 꿀꺽 넘길 때, 허전했던 뱃속이 조금씩 채워질 때마다 그 어떤 위로의 말보다 더 큰 위로를 받았습니다. 먹으려고 일부러 울적해지는 것인가 의심이 들 정도로 효과가 좋았습니다.

좋아하는 드라마 중에 「심야식당」이라는 드라마가 있습니다. 드라마 속 식당에는 사는 듯 살아보려다 상처받은 손님들이 찾아옵니다. 그럴 때마다 얼굴에 깊은 칼자국이 난 주인장은 묵묵히 음식을 내어놓습니다. 재판을 하면서 저도 때때로 법대 위에 차가운 판결 대신 따뜻한 음식을 내어놓고 싶었습니다. 자잘한 파 조각이 촘촘히 박힌 노란 계란말이, 굵은 돼지고기 조각이 아낌없이 들어간 묵은지 김치찌개, 부추를 가득 넣되 얇게 구운 부추전, 뭉클뭉클한 흰 살이 혀에 감기자마자 흐물흐물 녹아내리는 물곰탕을 대접하고 싶었습니다. 지금까지 저와 재판을 함께한 모든 사람들 앞에. 사는 듯 사는 삶을 위해 힘겹게 오늘을 버티는 모든 사람들 앞에. 그런 마음과 정성으로 이 책을 지었습니다. 맛있게 드신다면 그저 감사할 따름입니다.

# 1

## 골무와
## 연필 사이

## 법정 밖에서 더 바쁜

법정드라마의 주인공은 대개 검사나 변호사다. 그들은 외모가 멋지다. 젊다. 좋은 차를 탄다. 밥도 술도 비싼 데서 먹는다. 멋진 상대 배우와 키스도 한다. 반면 판사는 늘 엑스트라다. 간혹 조연 자리까지 올라간 경우도 있지만 그런 경우에도 영락없이 악역이다. 늙수그레하다. 좋은 차도, 밥도, 술도, 키스도 없다. 그저 법대 위에 병풍처럼 앉아 있을 뿐이다. 그것도 화장실 가고 싶은 것을 참고 있는 듯한 표정으로.

판사가 주인공이 될 수 없는 이유를 모르는 것은 아니다. 판사 생활에서는 멋진 화면을 충분히 뽑아내기 어렵다. 드라마

속 검사처럼 범인과 격투를 벌이기를 하나(물론 판사가 법정에서 격투를 벌이는 드라마를 군이 만들려면 만들 수야 있겠지만 높은 시청률을 기대해서는 안 된다), 드라마 속 변호사처럼 법정을 들었다 놓는 감동적인 변론을 펼치기를 하나(물론 판사가 장광설을 늘어놓는 드라마를 군이 만들려면 만들 수야 있겠지만 졸음은 몰라도 감동을 기대해서는 안 된다).

법정에서는 차라리 낫다. 사무실에서 일하는 판사의 모습은 더 단조롭다. 슬리퍼를 신고 하루 종일 책상 앞에 앉아서 읽고 쓰기만을 반복한다. 조금 더 미시적으로 들여다보아도 가끔 머리를 긁고, 고개를 갸웃거리고, 혼잣말을 내뱉고, 손가락으로 연필을 돌리고, 책을 찾아보고, 턱을 괴고 모니터를 쳐다보고, 정신없이 타자를 치고, 골무를 끼고 기록을 재빠르게 넘기다가 느리게 넘기기를 반복하고, 포스트잇에 무엇인가를 휘갈겨서 기록에 붙이고, 그러다 밥 먹고 와서 똑같은 행위를 반복한다. 그런 행위들을 시간에 치여서 매우 바쁘게 반복한다. 오전, 오후, 밤에도, 주중에도, 주말에도.

판사가 일주일에 이틀 재판을 한다고 말하면 재판이 없는 날에는 한가할 거라고 오해하는 사람들이 있다. 사무실에서 우아한 음악을 틀어놓고 천천히 차를 마시거나, 물뿌리개를 들고 창가 화분에 물을 주거나, 골프채를 휘두르면서 스윙 연습을 하거나, 각종 신문을 이부자리처럼 펼치다 개다를 반복하는 줄 아는 사람들도 있다.

실상은 법정에 들어가지 않는 날이 더 바쁘다. 공수부대원들에게 비행기에서 점프할 때 두렵지 않느냐고 물어보면 하늘에 떠 있을 때가 가장 마음이 편하다고들 한다. 점프 직전까지 고된 훈련이 무수히 반복되기 때문이다. 판사도 재판에 들어가기 직전까지가 가장 바쁘고 힘들다.

나는 '장날(재판하는 날을 가리키는 판사들 사이의 은어)'이면 보통 25건 정도 재판했다. 일주일에 두번 재판하면 50건이다. 이틀을 종일 재판에 쓰고 나면, 근무일 중 남은 날은 사흘이 된다. 사흘 동안 재판 50건을 준비해야 한다. 한건당 기록이 보통 수백 페이지이고, 수천 페이지에 이르는 것도 흔하다. 기록이 사만 페이지에 달하는 사건을 판결한 적도 있다. 사건이 오래된 것일수록 쟁점이 많고, 쟁점이 많을수록 기록이 두껍다. 이런 사건을 판사들은 '깡치'라고 한다.

나는 경력이 쌓여도 '깡치' 사건 기록을 읽는 속도가 빨라지지 않았다. 경력이 쌓이면 기록을 읽는 요령이 늘기는 하지만 그만큼 고려할 요소들이 많아지는 데다 체력과 기억력이 떨어지기 때문이다. 한건의 재판을 준비하는 것보다 판결문을 쓰는 데는 훨씬 더 많은 시간이 걸린다. 어려운 사건의 경우, 이틀이나 사흘 내내 그 사건의 판결문만 써야 한다. 그러니 어찌 야근과 주말 근무를 하지 않을 수 있겠는가.

법원에는 정밀한 사건통계관리시스템이 있다. 판사들이 만든 시스템답게 치밀하고 꼼꼼하기 이를 데 없다. 몇번만 클릭하면 어떤 판사가 일을 얼마나 열심히, 정확히 하고 있는지를 다각도로 볼 수 있다. 날짜의 흐름에 따라 접수된 사건 중 처리한 사건이 몇 퍼센트인지(사건처리율), 그중에서 항소된 사건이 몇 퍼센트인지(항소율), 항소된 사건 중에 몇 퍼센트가 파기되는지(파기율), 쉬운 사건(가령 당사자들이 자백하는 사건)과 어려운 사건의 처리율이 어떻게 다른지, 쉬운 사건은 얼마나 빨리 처리하고 어려운 사건은 얼마나 느리게 처리하는지, 첫 기일에 종료되는 사건과 둘째 기일에 종료되는 사건과 셋째 기일에 종료되는 사건의 비율은 각각 어떠한지 등등.

사건처리율을 예로 들면, 한달에 백건을 배당받아서 그 달에 백건을 선고하면 사건처리율이 백 퍼센트가 된다. 상대적으로 성격이 느긋한 판사라도 대개 기본 목표는 사건처리율 백 퍼센트이다. 그런데 보통은 접수되는 사건량이 매우 많기 때문에 이 백 퍼센트를 달성하기가 그리 쉽지 않다. 대부분의 판사들은 러닝머신 위에 올라가 있는 것처럼 쉴 새 없이 달려야 가까스로 백 퍼센트를 맞춘다. 게다가 판사들은 대개 모범생 출신들이라 적어도 '평균 이상'은 하고 싶어한다. 그런데 모두가 '평균 이상'이 되려고 하니 결국 그 평균의 수준은 점점 높아지게 된다. 그러다보니 저녁이 없는 삶, 주말이 없는 삶을 살게 된다. 내 보직이 다른 판사들에 비해 유난히 바쁜 편이 아니었는 데도 마지막 한해 동안 자정을 넘겨 집에 들어간 날이 그렇지 않은 날보다 더 많았다.

판사실에서 근무하는 시간 대부분을 읽는 데 썼다. 누가 누구를 때렸고, 어디를 찔렀고, 머리채를 어떻게 잡아끌었고, 어떻게 강간했고, 어떻게 추행했고, 무슨 거짓말을 해서 얼마를 사기 쳤고, 필로폰을 어디서 구해서 몇 그램을 투약했다는 이야기를 하루에 수천 페이지씩 꼬박꼬박 읽고 또 읽었다. 먹고 잘 때를 제외하면, 심야에 컴컴한 외곽순환도로와 강변북로를 차로 질주하는 시간이 유일하게 기록 읽기를 멈추는 시간이었다.

## 판사의 양대 장비: 골무와 연필

판사가 기록을 읽을 때에는 어김없이 엄지손가락에 파란 골무를 낀다. 엄지손가락에 파란 골무가 끼워져 있으면(마치 가전제품에 파란색 불이 들어와 있을 때처럼) 그 판사는 일하고 있는 중이다. 판사가 쉴 때는 골무부터 뺀다. 판사 생활의 대부분은 기록 읽기가 차지하므로 대부분의 시간 동안 골무를 착용한다.

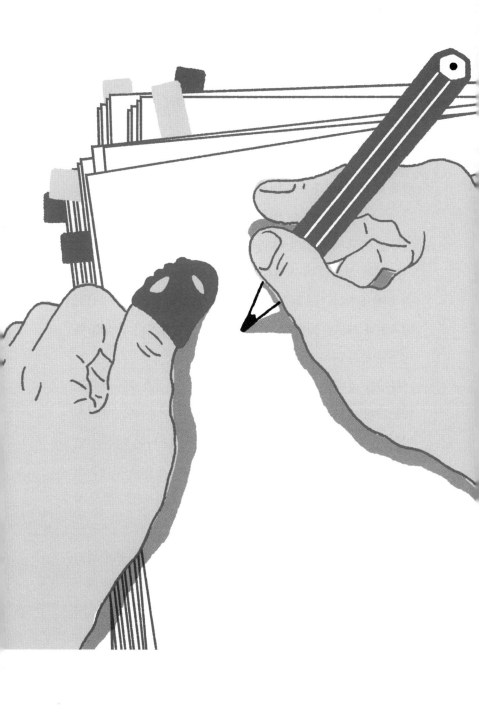

골무는 연필과 함께 판사의 양대 필수 장비다. 제아무리 크고 복잡한 사건도 따지고 보면 한쪽 손가락에 끼운 골무와 반대쪽 손에 든 연필 사이에서 해결된다. 골무는 지문이 있는 쪽에 특수형 콘돔처럼 수십개의 돌기가 도돌도돌 붙어 있다. 기록을 최악, 최악 흥을 실어 빠르게 넘기면서도 더도 덜도 말고 딱 한장씩만 넘어가게 제어해주는 기능을 한다. 주말에 집에 기록을 들고 가서 일할 때 골무가 없으면 마치 라면 먹는데 김치가 없는 것처럼 여간 어색하고 불편한 게 아니다. 할 수 없이 손에 침을 발라 기록을 넘기곤 하는데 간혹 반성문에서 자신이 매독이나 헤르페스에 감염됐다고 고백하는 대목이 등장할 때에는 골무가 더욱 아쉬워진다.

골무를 낀 왼손으로 기록을 넘기면서 오른손으로는 연필로 메모지에 메모를 한다. 요즘은 컴퓨터로 메모를 하는 판사도 많아졌지만 아날로그와 구닥다리를 좋아하는 나는 여전히 연필을 쓴다. 단정하게 깎인 날씬한 오렌지색 연필을 집어들면 새로 이발이라도 한 것처럼 마음가짐이 반듯해지면서 학창 시절 모범생으로 돌아가는 듯한 느낌이 든다.

연필을 쓴 지도 어언 삼십년이 훌쩍 넘었지만 여전히 연필 자루 육각형의 면면에 나의 엄지, 검지, 중지를 밀착시킬 때마다 느낌이 새롭다. 피겨스케이터의 스케이트날이 빙상 위를 지나면서 흰 궤적을 남기는 것처럼 연필의 흑연이 흰 종이에 닿으면서 검은 궤적을 남기는 것이 아직도 신기하다. 컴퓨터를 쓴 지도 오래되었지만 연필 사각거리는 소리가 키보드 두드리는 소리보다도 훨씬 더 익숙하고 마음을 편하게 한다. 생각이 막힐 때마다 검지손가락으로 툭 쳐서 연필을 손등 위에서 풍차처럼 핑그르르 돌리는 것도 삼십년이 넘은 버릇이다.

## 공소장이 숨겨놓은 빙산의 크기

기록은 대략 세가지로 분류된다. 신건기록, 속행기록, 결심기록. 신건기록은 아직 첫 공판기일이 열리지 않은 사건의 기록이다. 속행기록은 기일이 한번 이상 열렸지만 변론이 종결되지 않은 사건의 기록이다. 결심기록은 변론이 종결되어 이제 판결문을 써야 하는 기록이다. 공판기일이 많이 잡힐수록 기록이 두꺼워지고 판결문 쓰기가 어려워진다.

피고인이 자백하는 사건은 기록이 얇지만, 피고인이 부인하고 치열한 법정 공방이 이루어지면 기록이 두꺼워진다. 기록이 오백 페이지 정도가 되면 묶어서 한권으로 만드는데, 이것을 '1책'이라고 부른다. 1책은 한 손으로 들지만 2책 이상이 되면 두 손으로 들어야 한다. 3책 이상을 들면 두 손에다가 몸통까지 가져다대어서 쏟아지지 않도록 주의해야 한다. 4책 이상을 옮길 때에는 수레를 사용해야 한다. 한 사건 기록이 10책 정도 되면 책상 위에 놓고 보기 어렵기 때문에 넓은 테이블 위에 가판대에 상품 진열해놓듯이 펼쳐놓고 필요한 부분들을 선 채로 찾아가면서 읽는다.

어느 기록이든 가장 기본이 되는 서류는 공소장이다. 공소장은 검사가 주장하는 피고인의 공소사실, 죄명, 적용법조가 적힌 공문서다. 공소(公訴)는 공익을 위해 공적으로 제기하는 소송이라는 뜻이다. 이해관계 당사자가 개인적 이익을 위해 제기하는 사소(私訴)가 아니라는 뜻이다. 공소장은 검사가 공공의 정의의 이름으로 들어올린 깃발이다. 공소장은 검경의 수사를 마감하는 자물쇠이자 형사재판의 문을 여는 열쇠다. 민사재판이 원고의 소장으로 시작되듯 형사재판은 검사의 공소장으로 시작된다. 형사재판은 결국 공소장이 옳은지 그른지를 판단하는 절차라고 할 수 있다. 공소장이 옳으면 유죄고 그르면 무죄인 것이다.

공소장의 문장은 투박하고 직설적이다. 피고인의 죄를 낱낱이 고하는 글이 수필처럼 부드러울 리 없다. 피천득 선생은 「수필」에서 "수필은 난이요, 학이요, 청초하고 몸맵시 날렵한 여인이다. 수필은 그 여인이 걸어가는 숲속으로 난 평탄하고 고요한 길이다"라고 했다. 그에 빗대자면 공소장은 검이요, 범이요, 투박하고 비정한 검투사요, 그 검투사가 칼춤을 추는 원형경기장으로 난 거칠고 두려운 길이라 하겠다. 문학성을 글이 뿜어내는 에너지라고 본다면, 공소장에도 만만치 않은 문학성이 있다. 잘 내린 커피의 향처럼 그윽한 에너지로 문학성을 발산하는 글이 있는가 하면 투박하고 강렬한 에너지로 문학성을 쟁취하는 글도 있는데, 공소장은 후자다.

공소장은 구석구석 힘이 넘친다. 문장 자체가 압축적이고 정제되어 있다. 서사도 강력하다. 무엇보다 허구가 아닌 진실이라는 후광이 압도적인 힘을 발휘한다. 단어 하나하나 차돌처럼 묵직하다. 각각의 단어 밑으로 연꽃 밑의 뿌리처럼 증거와 법리가 주렁주렁 매달려 있기 때문이다. '기망' '편취' '실행의 착수' '추행' 같은 단어들은 오랜 세월 국내외 학설과 판례로 다듬어진 전문용어다. 헤밍웨이는 좋은 작품은(좋은 사람도 마찬가지 아닐까) 빙산의 일각만 드러내고 그 아래 거대한 빙산을 숨겨놓은 것이라 했는데, 숨겨놓은 빙산의 크기는 공소장도 만만치 않다. 문장과 문장 밑에는 겉으로 드러나지 않은 복잡한 이해관계들이 고구마 줄기처럼 뒤엉켜있다.

공소장의 분량은 두서너장이 대부분이지만 수십, 수백장에 이를 때도 적지 않다. 판사들은 공소장을 시험 공부하듯이 꼼꼼히 읽는다. 중요한 부분에 밑줄을 긋고, 별이나 돼지꼬리를 그리고, 의문이 드는 부분이 있으면 관련 판결례나 논문을 미리 찾아본다. 나도 예전에 형사재판을 할 때에는 그렇게 했다.

그러나 언젠가부터 일부러 공소사실의 구구절절한 내용을 읽지 않고 첫 기일에 들어갔다. 공소장을 먼저 읽은 뒤에 비로소 피고인을 만나고 나면 마음속으로 '그 범죄를 저지른 사람이 바로 저 사람이구나!' 하곤 했다. 그러나 공소장을 읽지 않고 피고인을 만나보니 '저런 사람에게 이런 일도 있었구나!' 하게 되었다. 좀더 사람을 중심으로 생각하게 되고, 편견을 줄일 수 있었던 것 같다.

## 재판 시작 한시간 전

재판 시작 한시간쯤 전이면, 실무관이 대형 마트에서 사용하는 철제 수레에 기록들을 모두 담아서 법정으로 가져가버린다. 그러고 나면 더이상 기록을 읽을 수 없다. 학창 시절 시험 시작 직전 선생님이 책가방을 교실 뒤로 가져다놓으라고 시킨 직후처럼 기록 읽기가 강제로 중단된다.

그렇다고 한가해지는 것은 아니다. 그 시간에는 선고할 판결문에 서명하고 도장을 찍는 작업을 한다. 판결문 페이지마다 일일이 간인도 해야 하기 때문에 한건의 판결문에 도장을 여러 차례 찍어야 한다. 요즈음에는 백 페이지가 넘는 판결문이 흔하고 오백 페이지가 넘는 판결문까지 출몰한다. 나도 배석판사일 때에는 부장님의 취향을 존중해서 백 페이지가 넘는 판결문을 써본 적이 있지만, 개인적으로는 판결문을 그렇게 길게 쓸 필요가 없다는 입장이다.

판결문을 너무 길게 쓰면 재판을 받은 당사자나 피고인조차 읽기 어렵다고 하는 경우가 허다하다. 그럼에도 판결문이 점점 길어지는 것은 상급심 판사들이 보통 긴 판결문을 좋아한다고 알려져 있기 때문이다. 복잡한 사건을 하급심 판사가 잘 정리해주고 자세히 설명해주면 상급심에서는 좋아할 수밖에 없다. (상급심은 상소가 제기된 하급심 재판을 다시 재판하여 잘못을 바로잡는 역할을 한다.) 상급심에서 판결을 쓸 때에도, 하급심 판결문이 길면 발췌해서 쓸 문장들이 풍부해진다. 그러면 결국 상급심 판사들이 하급심 판사들을 평가할 때 좋은 말을 하게 되고, 그 말이 판사의 평정권자인 법원장 귀에 들어간다.

두꺼운 판결문을 일일이 넘기면서 간인을 하고 있으면 팔이 아파서 몇번을 쉬어야 한다. 간인을 찍을 때도 아무렇게나 막 찍으면 안 된다. 도장이 반듯하게 서도록 해야 하고, 접힌 선을 중심으로 도장의 삼분의 일이 그 위에 걸치고 삼분의 이가 그 아래에 걸쳐야 찍힌 모양이 예쁘다. 깐깐한 부장판사를 만나면 간인의 위치를 엄정하게 지키기를 요구한다. 도장의 반듯함에 대해서도, 도장 중앙을 지나는 세로줄이 시계로 치면 열한시와 한시 사이의 범위에 들어가야 한다(이렇게 배석판사를 심하게 힘들게 하는 부장판사들을 법원에서는 은어로 '벙커'라 부른다. 이 정도만으로는 벙커가 되지 않지만 이런 사소한 것들이 쌓이면 종합적으로 벙커의 조건을 만족시키게 된다). 부장판사의 판결 방향에 동의하지 않는 배석판사들은 소심한 항의의 표시로 판결문에 도장을 일부러 삐딱하게 찍기도 한다. 좀 더 거칠게 항의하고자 했던 한 배석판사는 아예 도장을 거꾸로 찍었다고 한다.

잉크가 내장되어 인주를 찍을 필요가 없는 자동 도장을 써본 적도 있지만 내장된 잉크가 새는 등 영 불편했다. 그러다 4차 산업혁명이 본격적으로 언급되기 시작하던 무렵, (사실 4차 산업혁명과는 별 관련이 없지만)법원 컴퓨터 시스템의 발전으로 자동으로 판결문에 일련번호를 매겨서 더이상 간인을 하지 않게 되었다. 그때만큼 '기술이 인간을 자유롭게 한다'는 슬로건의 매력을 실감한 적이 없다. 아무리 아날로그와 구닥다리를 선호하는 나지만 간인으로부터 벗어나는 해방감은 포기할 수 없었다.


**법복 입고 거울 앞에 서면**

이제 옷장으로 가서 법복과 넥타이가 걸린 옷걸이를 꺼낼 시간이다. 옷장 문 안에 붙은 거울 앞에서 오각형 법원 로고가 비단뱀 등짝 무늬처럼 반복적으로 새겨진 회색 넥타이를 맨다. 예전엔 법복이 여름용과 겨울용 두종류일 때도 있었지만 지금은 사시사철 같은 법복이다. 그러니 여름에는 덥고 겨울에는 춥다.

법복의 왼쪽 가슴 안쪽에는 노란색 실로 이름이 새겨져 있다. 이름이 심장 위에서 함께 뛰는 셈이다. 목덜미에서부터 무릎까지 수직으로 떨어지는 자주색 옷깃 뒤에 숨은 단추는 모두 다섯개. 한겨울의 코트 단추도 다 채우지 않는데 법복 단추는 다 채워야 한다. 법복을 입고서는 화장실도 가지 않는다.

거울 앞에 서서 넥타이와 법복의 위치를 정렬한다. 나부터도 넥타이가 삐뚤어진 판사에게 재판을 받고 싶지는 않아서다. 거울을 보면서 법복이 내게 어울리는지도 생각하게 된다. 몸매가 감추어지니 사복을 입을 때보다 외모가 더 나아 보이는 것 같기도 하다. 그래서 판사들 사이에서는 법복 입으면 멋있다, 법복이 잘 어울린다는 말은 그리 칭찬이 아니다.

그럴 때 내가 판사인가도 묻는다. 물론 나는 판사이지만 그래도 판사인지를 묻는 것이다. '판사면 당연히 판사인 것이지 자꾸만 자신이 판사인지를 묻는 판사가 판사인가'라고도 묻는다. 판사로 임관한 직후부터 마지막 재판을 마칠 때까지 나는 거울 앞에 설 때마다 물었다. 내가 과연 판사의 자격이 있는가,

판사의 길이 나의 길인가, 판사는 무엇으로 사는가.

나는 왜 판사가 되었나. 어떤 판사들은 이 질문에 뚜렷하고 근사한 대답을 품고 있다. 정의를 세우기 위해서. 억울한 사람이 없도록 하기 위해서. 세상을 평화롭게 만들기 위해서. 그러나 나는 그렇지 못했다. 사실 판사가 될 때까지 판사가 되고 싶은 간절한 소망을 가진 것도 아니었다.

내 어릴 적 꿈은 과학자와 화가를 거쳐 초등학교 고학년 때부터 중학생 내내 특파원이었다. 먼 나라에 가서 취재를 하는 일이 재미있고 멋있어 보였다. 특파원을 보려고 매일 저녁 아홉시 뉴스를 꾸준히 시청했다. 비가 부슬부슬 내리는 버킹엄 궁전 앞에서 누런 바바리코트를 입고 영국 택시의 지붕같이 큼직한 우산을 쓴 채 중후한 목소리로 이국땅의 소식을 전해주던 특파원이 그렇게 근사해 보일 수가 없었다. 간혹 외신을 연결해서 보여주던, 포연이 자욱한 전쟁터에서 카메라를 들고 이리저리 뛰면서 전황을 전하던 외국인 종군특파원의 모습도 인상적이었다.

나도 저 먼 세상으로 나가서 그곳에 뭐가 있는지 보고 듣고 카메라로 찍어서 사람들에게 알려주고 싶었다. 축구를 하다가도 하늘에 제트비행기가 흰 선을 천천히 그리면서 날아가기라도 하면, 나는 공을 빼앗기더라도 축구를 멈추고 고개를 젖혀

비행기가 더이상 보이지 않을 때까지 넋을 잃고 바라보곤 했다. 그래서 영어 공부를 좋아하게 되었다. 책상 앞에 앉아서 혼자 꼬부랑꼬부랑 영어 문장을 낭독하면 그 당시 유행하던 아마추어 무선통신(HAM) 신호를 저 먼 서구의 세계로 쏘아 보내는 기분이 들었다.

그러나 내가 자란 지방 소도시에서는, 성적이 좋은 편이면 주변 어른들은 묻지도 따지지도 않고 "너는 나중에 커서 고시를 패스해서 판검사가 돼라"고들 했다. 그것이 아무것도 가진 것이 없는 사람에겐 가장 쉬운 성공의 길이라는 말도 자주 들었다. 그러나 다른 한편으로 판검사가 되려면 "육법전서를 무조건 달달 외워야 한다"는 말도 들렸다. 나는 암기 과목은 젬병이어서 '달달 외우는 것'에 자신이 없었기 때문에 판검사가 될 수도 없다고 생각했고 되고 싶은 생각도 없었다.

아버지는 나에게 무엇이 되어라, 되지 말라는 말을 거의 하지 않았다. 공부하라는 말씀도 거의 한 적이 없다. 반면 어머니는 종종 판검사가 되라고 하셨다. 밖에서 무슨 일로 상처를 받고 오시면 집에서 푸념을 늘어놓다가 나를 쳐다보면서 나중에 판검사가 되어서 당신의 한을 풀어달라는 말을 하소연처럼, 혼잣말하듯이 하셨다(그러면서 남의 송사에는 간여하지 말라는 말씀도 하셨다는…). 내가 특파원이 되고 싶다고 하니 어머니가 힐난하셨다. "사람이 어떻게 제 하고 싶은 대로만 사노."

그럼에도 나는 판검사가 되고 싶은 생각이 들지 않았고 무엇보다 '육법전서를 달달 외우기'는 불가능하다고 생각했다. 그러다 어머니가 큰 병을 얻고 나니 어머니의 바람을 무겁게 받아들이게 되었다. 어머니는 나에게 판검사가 되기를 강요한 것도 아니었고 판검사가 돼라는 말을 몇번 하지도 않았지만, 나는 그 말을 어길 엄두를 내지 못했다. 어머니의 바람을 들어드리면 어머니가 더 오래 살 수 있을 거라 생각했다.

그렇게 법대에 갔고, 대다수가 보는 사법시험을 보았고, 사법연수원을 수료하고는 다수가 선호하는 판사가 되었다. 마치 혼잡한 지하철에서 내려서 다수가 몰려가는 방향으로 우르르 휩쓸려 가듯이. 자연스럽고도 부자연스럽게.

# 2

## 지금부터
## 재판을
## 시작하겠습니다

## 법대에 오를 때 피어나는 상상

똑똑. 참여관('계장'이라고도 부른다. 공판조서를 작성하는 등 재판과 관련한 여러가지 중요한 사무들을 담당한다.)이 문 밖에서 노크를 하지만 안으로 들어오지는 않는다. 법정에 갈 시간이 되었다는 뜻이다. 나는 사건 메모지들이 든 검정색 서류철을 옆구리에 끼고 문 앞에서 기다리던 참여관과 함께 법정을 향해 걸어간다. 복도를 지나 계단을 따라 법정까지 가는 길에서는 평소보다 진중해진다. 시시한 농담을 자주 주고받는 친한 동료를 만나도 점잖은 미소만 건넨다.

제각기 다른 사건이 진행되는 소리가 들리는 법정 사이를 걸고 있으면 평행우주들 사이에 난 웜홀을 통과하는 기분이 든다. 내가 맡은 사건의 법정이 가까워올수록 가슴속에 긴장감의 농도가 짙어지다가 법관 전용문 바로 앞에 서면 최고조에 이른다. 법정 앞에는 경위가 서 있다가 목례를 한다. 우리 법정의 경위는 눈이 맑고 인상이 온화하고 기품이 있어 존재만으로도 법정에 점잖은 권위를 드리우는, 닮고 싶은 분이다. 경위는 판사보다 먼저 법정 안으로 들어가서 구령한다.

"모두 일어서주십시오."

법관 전용문의 손잡이를 돌리며 안으로 들어서면 사람들이 일어서느라 웅성거리는 소리, 의자가 삐걱거리는 소리가 갑자기 잦아들면서 침묵이 흐른다. 판사가 들어올 때 사람들이 서서 존중의 예를 표하는 것은, 판사 개인을 존경한다는 것이 아니라 법질서를 존중하겠다는 뜻이다. 그러므로 판사 개인이 우쭐할 일은 아니다. 나의 경우엔 우쭐하기는커녕 오히려 두렵고 긴장이 된다.

가수가 무대에 오를 때에는 관객들이 우호적인 박수를 쳐주지만 판사가 법대에 오를 때에는 법정에 있는 사람들이 일제히 날카로운 시선을 보낸다. 검사와 변호사와 피고인과 방청객은 물론 법원 직원들조차 판사의 일거수일투족을 냉정하게 판단하고, 판사에게 잘못이 있으면 가차없이 비판한다. 법정을 찾아온 사람들도 판사의 실수를 관대하게 보아줄 마음의 여유가 없다. 피고인들은 불안해하고, 피해자들은 울분에 차 있고, 검사는 예리한 칼을 드리우고 있고, 변호사는 그 칼을 막으려고 신경을 곤두세우고 있다.

그 속에서 판사가 인격과 실력의 흠결을 감추려는 것은 폭풍 속에서 비닐우산 하나로 비를 막으려는 것같이 무모한 짓이다. 간혹 재판 중에 내가 논점에 어긋난 엉뚱한 말을 한 것을 깨닫고 나면 저 많은 사람들이 나를 어떻게 보았겠는가 하고 등골이 서늘해질 때가 있다. 결함 많은 한 인간으로서 그 예민하고 팽팽한 시선으로 가득 찬 법정의 무대 한가운데 서는 것이 해가 갈수록 부담스러워지는 이유다.

법대 가운데까지 걸어가서 앞을 향해 선 후 고개를 숙여 인사한다. "안녕하십니까"라는 말은 하지 않는다. 법정에 나온 사람들이 안녕할 리 있겠는가. 입가에 미소를 띠지도 않는다. 물론 눈웃음을 짓거나 손을 흔들지도 않는다. 장례식에 조문 온 사람같이 엄숙한 표정을 유지한다. 이런 식의 인사가 처음에는 무척 어색했다. 친근감 없이 인사한다는 것이 분노 없이 화내는 것같이 이상했다. 그렇다고 형사법정에서 판사가 친절하게 웃고 있는 것도 어색하긴 하다.

만약 판사가 아주 친절하게 강간사건을 재판한다고 상상하면 이렇게 될 것이다.

피고인이 들어오면 판사가 자리에서 일어나 꾸벅 인사를 하

고 한껏 미소를 머금고 말한다.

"어서 오십시오, 피고인. 만나서 반갑습니다. 강간죄 저지른 거 인정하십니까?"

"네."

"네, 인정해주셔서 감사합니다. 피해자에게 사과하고 피해배상을 하셨나요?"

"아니요."

"그러셨군요. 무슨 사정이 있었나보네요. 하지만 피해자에게 사과를 드리고 용서를 구하면 더 멋진 분이 되지 않을까요. 아, 싫으시다고요? 미안합니다. 오지랖이 넓었군요. 그럼 징역 10년에 처합니다. 지금부터 법정구속하겠습니다. (감옥으로) 안녕히 가십시오. (감옥에서) 잘 지내시고요. 다음에 또 뵙길 바랄게요."


**막이 오르면**


인사를 마치고 검은 의자에 앉아 검은 서류철을 펼치고 메모지 뭉치를 끄집어낸다. 오른편에 놓여 있는 검은 플라스틱 필통에서 골무를 꺼내 손가락에 끼우고 연필을 꺼낸다. 법대는 독서대처럼 판사 쪽을 향해 조금 경사져 있다. 그 위에 노트북,

모니터, 대법전, 마이크 등이 놓여 있다.

한복 단추만 한 마이크는 기린의 목처럼 쭉 뻗은 받침목 끝에 매달려 있다. 나는 목소리가 낮고 쉽게 잠기는 편이라 마이크 성능에 예민하다. 숨소리까지 들리는 성능 좋은 마이크라면, 성량이 풍부한 가수가 된 것처럼 목소리만으로도 법정을 장악할 수 있을 것 같은 자신감이 생긴다. 받침대 위의 스위치를 누르면 검정 마이크의 테두리를 따라 빨간 불이 켜진다. 나는 등을 곧추세우고 연필을 들고 목소리를 가다듬은 다음 마이크에 입을 대고 말한다.

"지금부터 재판을 시작하겠습니다."

영화감독이 '큐'를 외친 직후부터 배우들이 연기를 시작하는 것처럼, 재판장이 이렇게 개정 선언을 한 직후부터 검사, 변호인, 피고인, 참여관, 경위, 교도관이 각자 자신의 역할을 하기 시작한다.

재판의 주인공은 단연 피고인이다. 검사로부터 공소를 제기당한 사람을 '피고인'이라 하는데, 형사재판의 '피고인'과 민사재판의 '피고'는 차이가 크다. 피고는 어떤 개인으로부터 일반적인 권리와 의무 때문에 소송을 제기당한 것이고, 피고인은 정부의 대표인 검사로부터 형사법을 위반한 범죄자라고 지목당한 것이다. 민사재판의 피고들 중에서 그동안 열심히 살았는데 '피고'가 되니 참담한 심경이라면서 울먹이는 분들도 왕왕 있는데, 아마 피고인과 피고를 구분하지 않고 생각해서 그럴 것이다.

경위가 사건번호를 부르면 해당 피고인이 재판장이 보기에 법대 왼편에 있는 자리에 와서 앉는다. 피고인의 오른편 바로 옆자리가 변호인석이다. 다른 재판에서는 소송대리인이라고 부르는데 형사재판에서는 변호인이라고 부른다. 피고인과 변호인은 재판장의 오른편에 앉아 있는 검사와 마주보게 된다. 피고인, 변호인, 검사가 모두 자리에 반듯하게 앉으면 재판장은 그들의 옆모습만 볼 수 있을 뿐이다.

십여년 전까지만 해도 피고인이 법정 한가운데(지금의 증인석) 앉아서 재판장과 정면으로 마주보았다. 이러한 법정 구조에 대해서 학계나 변호사 단체 등에서 지속적으로 비판을 제기해왔다. 검사와 피고인은 모두 재판 당사자로서 대등한 기회와 권한이 주어져야 하는 만큼 자리도 대등하게 배치되어야 한다는 것이다. 피고인 입장에서 보면 정면에는 재판장, 왼쪽에는 검사, 오른쪽에는 변호인으로 둘러싸여 있어서 위압감을 느낀다거나 변호인이 피고인 바로 옆에 있지 않아서 변호인과 상의하기 어렵다는 이유도 있었다. 그러나 재판장인 내 입장에서는 재판 내내 내가 재판해야 하는 피고인을 비스듬히 비껴서 쳐다보아야 한다는 점에서 현재의 법정 구조가 아쉬울 때가 있다.

피고인이 호명되어 법대 앞으로 나오기 전까지, 불구속피고인과 구속피고인은 대기하는 장소가 다르다. 불구속피고인은 다른 일반 방청객들과 같이 사복을 입고 방청석에 앉아서 대기한다. 들어와서 앉아 있으면 경위가 조용히 다가가서 피고인인지 물어보고 신분증을 확인한다.

구속피고인은 구금실에 앉아 있다가 나온다. 구금실은 재판장이 보기에 법정 오른편에 있다. 피고인의 이름이 불리면 구금실 안에서 교도관이 포승줄과 수갑을 풀어주는데 그때 짤랑짤랑하며 금속이 부딪히는 소리가 들린다.

수의를 입은 구속피고인이 구금실 문을 통해 법정에 등장하면, 법정 뒤편 방청석에서 기다리던 가족들은 눈물을 흘리며 안타까워한다. 법정에서는 소리를 내서는 안 되므로 어떤 가족들은 온 얼굴이 슬픔으로 일그러진 채 주먹으로 가슴을 치면서 울음소리를 삼키려 애쓰고, 울음을 다 삼키지 못해 몸을 웅크린 채 신음 소리를 내기도 한다.

구속피고인을 처음 본 것은 법대생 시절 법정 방청을 하던 때였다. 가슴이 철렁 내려앉았다. 영화에서 보던 것과는 확연히 다른 느낌이었다. 피고인들을 굴비처럼 서로 엮은 흰 포승줄, 죄를 빌듯이 가슴팍에 모은 두 손목에 채워진 수갑, 고개를 푹 숙인 피고인의 굽은 등. 그 모든 것들이 비인간적이고 섬뜩하게 느껴졌다. 전혀 알지 못하는 사람이었는데도 그런 감정이 들었는데, 가족이라면 얼마나 놀라고 마음이 아프겠는가.

그때 같이 방청을 간 법대 동기는 구속피고인들을 보는 것이 힘들어 속이 울렁거린다면서 먼저 밖으로 나갔는데, 나중에 판사가 되어서는 그리 힘들어하지 않고 많은 사람들을 구속시켰다. 나도 마찬가지다.

그런 나의 태도 변화를 두고 신음하는 피투성이 환자를 눕혀놓고도 무덤덤하게 수술하는 의사처럼 숙련되었다고도 말할 수 있겠지만 그만큼 비정하고 매정해진 것도 사실일 것이다. 인생 최악의 일을 경험한 피고인이나 피해자에게 심리적 거리를 두지 않고 심적으로 공감하기 시작하면 아마 판사들이 제명에 못 살 것이다.

## 피고인의 패션코드

피고인의 패션은 피고인만큼이나 각양각색이다. 구속피고인의 복장도 다 같은 것이 아니다. 형이 확정되지 않은 미결수는 카키색(남성)이나 연두색(여성)이고, 형이 확정된 기결수는 푸른색 계통을 입는다. 명찰도 범죄의 종류에 따라 색깔이 다르다. 마약사범은 파란색, 조직폭력배와 같은 요주 인물은 노란색, 사형수는 빨간 색이고, 나머지 대부분은 흰색이다.

불구속피고인의 복장은 천차만별이다. 결혼식에 갈 때처럼 넥타이를 매고 양복을 쫙 빼입고 머리에 기름까지 바르고 오는 정장형이 있는가 하면, 등산, 낚시, 캠핑 등 각종 레저 복장을 입고 오는 레저형도 있고, 골프, 야구, 농구, 축구용 옷과 신발을 착용하고 나오는 스포츠형도 있다. 공장 작업복이나 경찰, 비행기 승무원 등 특정 분야의 유니폼을 입고 오는 직업형도 있다. 무당이 무당 복장을 하고 나오고, 거리 공연가가 중세 마법사를 연상케 하는 복장으로 나온 것도 보았다.

방청객이 모자를 쓰는 것을 허용하지 않는 법정도 많지만 나는 피고인이든 방청객이든, 모자를 쓰든 다리를 꼬든 복장에 대해 뭐라고 말해본 적이 없다. 피고인의 농구 셔츠도, 무당 옷도, 마법사의 옷도 뭐라고 못하는데 방청객의 모자에까지 간섭하는 것이 균형이 맞겠는가.

어느 오십대 총각 피고인이 생각난다. 참기름으로 머리를 감았나 할 정도로 머리에 기름을 잔뜩 바른 데다 머리칼을 롯데월드타워처럼 높이 세우고 가슴에는 행커치프가 아닌 진짜 손수건을 꽂고 있었다. 얼굴은 오랜 세월 햇볕에 검게 그을리고 주름져 있었는데 그 얼굴에 비친 조명이 번들거릴 정도로 화장품을 두툼하게 바른 상태였다.

그는 강제추행으로 기소되었다. 버스 옆자리에 앉은 젊은 여성을 강제추행했다는 것이었다. 검사에 따르면 피고인은 노트 기능이 있는 스마트폰에 '너무 아름다운 미인이십니다. 차를

한잔 사드리고 싶습니다'라고 쓰고는 그 화면을 옆자리에 앉은 여성에게 몸을 밀착시키며 보여주었다. 기겁을 한 여자는 싫다고 말하며 피고인의 팔을 뿌리쳤다. 피고인은 자기가 쓴 멘트의 매력이 부족해서인 줄 알고 이번에는, '첫눈에 반했습니다. 오래 기억될 것 같습니다. 차 한잔하지 않으면 평생 후회할 것 같아요'라고 적어서 다시 스마트폰을 보여주었다. 그러자 여자가 자리에서 벌떡 일어나며 피고인의 몸을 옆으로 밀쳐내고 휴대폰을 꺼내 112에 신고를 한 것이었다.

피고인은 자신은 강제추행을 한 적이 없고 단지 "대시를 했을 뿐"이라고, 더듬거리며 말했다. 자신도 마음만 먹으면 브로커를 통해서 외국 여자들과 결혼할 수 있었지만 피고인은 오로지 자기 힘으로 아내를 얻고 싶었다고 했다. 그리고 덧붙이는 말이 마음을 아프게 했다. "그, 그, 그렇게 내, 내, 내 힘으로 해내야만, 제, 제, 제 콤플렉스를 그, 그, 극복할 수 있을 것 같았습니다."

피고인에 따르면, 피해자가 자기 스마트폰을 버스 바닥에 내던지며 "아이, 미친 새끼가 재수 없게"라고 쏘아붙여서 피고인도 상처를 받았다고 한다. 그때 방청석에 조용하게 앉아 있던 흰 옷을 입은 할머니가 손수건을 꺼내 눈가를 닦았다. 피고인의 어머니였다.

안타깝게도 피고인은 자신의 행동이 부적절하다는 것을 깨닫지 못하고 있었다. 앞으로도 계속 '대시해서' 자력으로 장가를 가겠다, 열번 찍어 안 넘어가는 나무가 없다고 다짐하고 있었다. 나는 그를 유죄로 인정하고 가벼운 벌금형을 선고했다. 달리 해드릴 말을 찾지 못했다(제발 그 패션 좀 어떻게 할 수 없겠느냐는 말도 차마 하지 못했다). 원래 나는 훈계나 조언을 하지 않는 편인 데다가 피고인보다 나이도 어린 내가 조언을 해봤자 기분만 상할 것 같았다.

그분, 지금은 장가를 갔으려나. 어머니와 함께 진심으로 행복하게 살고 있기를 바란다. 그 손수건은 가슴에 꽂지 말고 어머니 눈물을 닦아드리는 데에만 사용하시면서.

## 음료수 이름 아닙니다

"피고인, 질문을 받더라도 대답하지 않아도 됩니다. 그로 인해 불이익을 받지 않습니다."

판사가 피고인을 처음 볼 때마다 알려주는 말이다. 판사뿐만 아니라 검사, 경찰, 수사관들이 피의자 조사를 할 때마다 고지하는 말이다. 헌법 제12조는 모든 국민은 형사상 불리한 진술을 강요당하지 않는다고 규정하고 있다. 이 진술거부권을 사전에 고지하지 않았다는 사유 하나만으로도 몇년 동안 진행한 재판 전체가 파기될 수 있고 경찰이나 검찰에서 작성한 조서도 아예 증거로 사용할 수조차 없게 될 정도로 매우 중요한 규정이다.

법과대학에서 진술거부권을 처음 배울 때에는 의문이 있었다. 범죄자가 팔짱을 낀 채 나는 지금부터 진술을 거부할 테니 너희가 내가 무슨 죄를 지었는지 맞추어보라고 하면 국가기관이 나서서 모든 것을 입증해야 한다는 말인가. 예비 법조인으로서 나도 모르게 죄인을 추궁하고 처단하는 검사나 경찰의 입장에 서 있었던 것이다. 그러다 살다보니 점점 진술거부권의 취지가 이해되기 시작했다. 살면서 이런저런 잘못이나 죄가 쌓이면서 차츰 죄인의 입장에서 생각하게 된 것이다. 아내가 "이번 달에 잘못한 거 다 이야기해봐"라고 하는데 진술거부권도 없다고 생각해보라.

진술거부권은 미국의 '미란다원칙'에서 유래했다. '미란다'는 어릴 때 내가 좋아하던 음료수 이름이다. 엇, 가만! 방금 인터넷으로 검색해보니 놀랍게도 그 음료수의 이름은 '미란다'가 아닌 '미린다'라고 한다. 이럴 수가! 나는 장장 사십년 동안 그 음료수를 '미란다'로 알고 있었다. 나뿐만 아니라 부모님, 친구들도 늘 '미란다' 사오라고 했었다. '오란씨'와 오랜 세월 짜장면과 짬뽕 관계에 있었던 음료수는 분명 '미란다'였는데…

좌우지간 진술거부권이나 변호인을 선임할 수 있는 권리를 고지해야 한다는 원칙을 '미란다원칙'이라 한다. 지금은 당연하게 생각되는 이 원칙은 미국의 특정 사건에 대한 판결에서부터 시작되었다. '미란다'는 청량음료의 이미지와는 한참 거리가 먼, 소녀 납치 강간범의 이름이다. 1960년대 미국에서 어네스토 미란다(Ernesto Miranda)라는 남자가 18세 소녀를 잔인하게 납치하고 강간했다. 미란다는 체포된 직후 변호사 없이 경찰에서 자백하는 진술서를 썼고, 이를 근거로 해당 주법원에서도 하급심은 물론 상급심에서까지 유죄판결을 받았다.

그런데 미국연방대법원이 체포 당시에 진술거부권과 변호사를 선임할 수 있는 권리를 미란다에게 미리 알려주지 않았다는 이유로 무죄판결을 내렸다. 그러자 당시 미국에서 대법원의 미란다 판결에 대해 거센 비난이 쏟아졌다. 경찰과 검사들은 이런 식으로 하면 앞으로 진술을 거부하는 범죄자들을 처벌할 수 없다고 비판했다. 그 모든 비난에도 불구하고 이 판결 이후 미란다원칙이 실무상 확립되었고, 미란다 판결은 아무리 큰 죄를 지은 사람이라도 적법한 절차를 거쳐서 처벌해야 한다는 적법절차원칙을 대표하는 판례로 전 세계에 영향을 미쳤다.

만약 우리나라에서 아동 납치 및 강간범을 경찰이 체포할 때 진술거부권이 있다는 것을 알려주지 않았다는 이유로 판사가 무죄판결을 내리고 범인을 석방하면 여론이 어떨까. 그 판사는 아마 인터넷에서 각종 개인정보가 털리고 입에 담을 수 없는 악성댓글에 시달리며 언론으로부터 질타를 받았을 것이다. 그렇다고 그런 성난 우리나라 여론이 잘못되었다거나 미국 판결이 옳다고 생각하는 것은 아니다. 미국이 선진국이라고 해서 모든 제도가 항상 더 옳고 정의로운 것은 아니다. 정의의 균형 감각이 법조인에게만 허락된 것도 아니다. 많은 사람들이 부당하고 억울하다 느끼는 일이라면 그 자체가 정의에 반한다는 신호일 수 있다. 이 경우 법조인들로서는 예민한 촉수로 그 마음을 살피고 부당함과 억울함을 덜 수 있는 쪽으로 제도를 개선하는 것이 도리이지, 일반 사람들이 법을 몰라서 그렇다는 식으로 대중의 의견을 무시해서는 안 된다.

법대생 시절이나 판사 시절 초기에는 미란다원칙을 고지하지 않았다면 무죄판결을 하는 것이 무조건 옳다고 생각했다. 그것이 인권을 두텁게 보장하는, 진보적, 선진적 재판의 모습이라고 생각했다.

그러나 지금은 아니다. 진술거부권 자체는 존재해야 하지만, 수사기관이 그런 권리가 있다는 사실을 말해주지 않았다고 해서 큰 죄를 지은 사람이 무죄로 풀려나야 한다고 생각하지는 않는다. 시대도 변했다. 요즈음에는 진술거부권이 워낙 널리 알려져서 피의자에게 그런 권리가 있다는 것을 모르는 사람이

드문 상황이다. 피고인이 법에 규정된 의무를 몰랐다고 해도
봐주지 않는데('법률의 부지(不知)는 용서받지 못한다'는 법언
도 널리 통용된다), 법에 규정된 권리를 몰랐을 수 있다고 무죄
로 풀어주는 것은 균형에도 맞지 않는다. 법정에서 그렇게 열
심히 진술거부권을 고지하지만 진술거부권을 행사하는 사람
을 한번도 본 적은 없다. 그럼에도 진술거부권 고지에 과도한
의미와 효력을 부여하는 것은 인권 보장을 위한 일종의 형식적
장식품에 불과할 수도 있다. 인권은 실질적으로 보장해야 하는
것이지 형식적 장식품을 가져다놓는 것은 큰 의미가 없다. 절
차도 물론 중요하지만 절차에 작은 잘못이 있다고 큰 죄를 지
어도 무조건 무죄가 되는 것은 오히려 정의롭지 않다. 판결은
사안별로 절차와 실체의 중요성을 비교형량해서 균형 있게 판
단해야 한다. 법대생 때 형법 교과서만 읽다가, 판사가 되어 실
제 재판을 받는 사람들, 피해를 본 사람들의 눈빛과 하소연과
눈물과 원망을 보고 듣는 일이 축적되면서 입장이 변한 것이다.
   진술거부권을 고지받지 않았다는 이유로 소녀를 납치, 강간
하고도 무죄판결을 받은 어네스토 미란다에 대해서는 너무 분
해하거나 괘씸해할 필요는 없다. 그는 목격자의 증거를 바탕으
로 다시 기소되어 징역 10년을 살았다. 출소 후에는 술집에서
자기가 바로 그 유명한 '미란다원칙'의 미란다라고 자랑하다
가 옆 사람과 시비가 붙어서 칼에 찔려 죽었다.

# 3

## 판사가
## 판사가 되고
### 피고인이
### 피고인이 되는
### 순간

인정신문

　판사가 진술거부권을 고지한 다음에는 곧바로 인정신문을
한다. 인정신문이란 피고인에게 이름, 나이, 직업, 주소, 등록기
준지를 묻는 절차다.

　"이름이 무엇입니까?"
　"나이가 어떻게 됩니까?"
　"직업은 무엇입니까?"
　"주소는 무엇입니까?"
　"등록기준지는 무엇입니까?"

판사 입장에서는 재판 절차 중에서 가장 번거롭게 느껴지는 것이 인정신문이다. 하루에도 수십번씩 진술거부권 고지에 이어서 앵무새처럼 인정신문 질문을 반복해야 한다. 그것도 답을 뻔히 다 알면서 말이다. 사건이 많을 때에는 녹음테이프를 틀어놓고 립싱크를 하고 싶은 심정이 들 때도 있다.

피고인도 인정신문에 시달린다. 이것을 판사만 물어보는 것이 아니기 때문이다. 경찰에 가면 경찰이 묻고, 검찰에 가면 검사가 묻고, 법원에 가면 판사가 묻고, 항소심에 가면 항소심 판사가 묻는다. 질문을 받는 사람으로서는 짜증이 나고 불합리하게 느껴질 법도 하다. 그럼에도 굳이 반복적으로 인정신문을 하는 이유에 대해서는 까뮈의 소설 『이방인』의 주인공 뫼르소도 언급한 바 있다.

"나에 대한 심문이 시작되었다. 재판장이 내게 다정스럽게까지 생각되는 어조로 본인이 확실한가를 알아보는 인정신문을 다시 해서 짜증났으나 사실 그것은 아주 당연한 일이라는 생각이 들었다. 엉뚱하게 다른 사람을 재판하는 것은 말할 수 없는 실수이기 때문이다."

(『이방인』을 읽고 이런 대목에 줄을 치는 사람은 아마 법조인뿐일 것이다.)

이름, 나이, 주소, 등록기준지와 같은 인정신문 질문이 요구하는 답변은 단답식이라서 재미있을 리가 없다. 그러나 직업을 물어볼 때면 왕왕 재미있는 답변들이 나온다.

형사재판부 배석판사를 할 때 여성 무당이 피고인으로 법정에 선 적이 있었다. 당시 한창 대선을 위한 경선이 이루어지고 있었는데 부장판사님이 신문을 모두 마치고 난 뒤에 번외로 혹시 누가 대통령이 될 것 같으냐고 물어보았다. 그러자 그 무당은 지금 널리 알려진 두 사람은 절대 대통령이 될 팔자를 타고나지 못했고 제3의 인물이 대통령이 될 것이라고 했다. (그러나 훗날 그 두 사람 모두 연달아 대통령이 되었다. 더 훗날 두 사람은 모두 감옥에 갔다. 그렇다면 혹시 그 무당은 십여년 전에 그 뒷일까지 예측해서 말한 것일까. 에이, 그럴 리가.)

호기심이 발동한 부장판사님은 이 재판 결과가 어떻게 될지도 알고 있느냐고 물었다. 그러자 무당은 "알고 있습니다만 말할 수 없습니다"라고 대답했다. 나도 그 재판 결과를 알고 있었지만 말하지는 않았다.

자기 직업을 대통령이라고 하는 피고인들도 왕왕 있다. 재림 예수도 더러 있는데 대통령이 없겠는가. 그렇다고 직업란에 '대통령'이라고 쓸 수는 없다. 헌법상 현직 대통령은 기소할 수 없기 때문이다. 그럴 땐 직업란에 '미상'이나 '무직'이라고 적게 된다.

동료 판사가 맡았던 사건의 어느 피고인은 자기 직업을 '지구방위군총사령관'이라고 했다. 동료 판사가 공소사실을 인정하느냐고 묻자 그 피고인은 육십억 인류와 헌법 중에서 뭐가 더 중하냐고 되물었다. 판사가 황당해서 아무 말을 하지 않으니 "그것도 모르냐? 너 초등학교는 나왔냐? 나 이제 너랑 말 안 해" 하면서 팔짱을 끼고 토라져버렸다.

나는 지구방위군총사령관 정도로 높은 사람을 재판해본 적은 없지만 유엔친선대사를 재판한 적이 있다. 사십대 후반의 남성이었던 피고인은 자신이 조만간 미국과 한국에서 열리는 유엔난민기구 친선대사 임명식에 참석해야 하기 때문에 재판을 연기해달라고 요청했다. 그러면서 내가 달라고 하지도 않은, 유엔이 작성한 문서를 제출했다. 문서의 제목은 'Letter of Appointment'(임명장)이었고 가운데 윗부분에는 유엔 로고가 그려져 있고 본문 밑에는 유엔난민기구라는 글자가 적혀 있었다. 내가 이 문서가 원본이면 다른 곳에서도 필요할 테니 돌려주겠다고 하자 그는 나더러 자기에게 그 문서는 많이 있으니 가져도 된다고 했다. (컬러프린터로 복사를 하는 건가?)

"그런데 유엔난민기구 친선대사는 무슨 일을 하는 대사입니까?"

내가 그렇게 물으니 그는 그것도 모르느냐는 태도로 대답했다.

"아, 그 앤젤리나 졸리가 하던 것 있지 않습니까? 미국은 졸리가 하는데 한국에서는 제가 맡게 되었습니다."

나는 앤젤리나 졸리와 피고인의 공통점을 떠올려보았지만 입술이 거봉처럼 두툼하다는 것 외에는 도저히 찾아낼 수 없었다. 공소장에 적힌 그의 행각은 앤젤리나 졸리의 액션 영화 뺨칠 정도로 황당무계했다.

피고인은 피해자들에게 자신은 옥스퍼드 대학교를 나와서 한국에서 교수를 하면서 동시에 국정원 비밀 업무를 맡고 있는데, 최근 '코드원'(대통령을 가리킨다)이 자신에게 육백억원을 지원하겠다고 약속하면서 부탁을 하나 하더라고 했다. 바로 전 세계를 아우르는 '옳고 바르게 살기 운동본부'라는 비선조직을 만들어달라는 것이었다. 피고인은 다른 중요한 일들로 바빴지만 코드원의 간곡한 부탁이라 할 수 없이 도와주기로 했다면서 피해자에게 조직의 북미지역 지부장 자리를 주겠다고 약속했다. 그러면서 피고인은 국회의원회관에서 '옳고 바르게 살기 운동본부' 발대식을 열고 피해자들을 초청해서 몇억원씩 되는 돈을 거두어갔다.

재판이 끝나고 나는 유엔한국지부에 피고인이 제출한 문서를 팩스로 보내어 확인해보았다. 짐작대로 유엔한국지부에서는 한국의 유엔난민기구 친선대사는 배우 정우성씨뿐이며 피고인이 제출한 서류는 위조라고 했다. 나는 다음 기일에 그가 나오면 그 자리에서 구속할지를 놓고 고민하기 시작했다. 유엔 문서를 위조해서 판사에게까지 제출하는 것을 보면 증거인멸 우려도 충분히 인정될 뿐만 아니라, 빨리 구속하지 않으면 재판을 받는 도중에도 합의금 마련을 위해 또다른 피해자들에게 사기를 칠 수 있을 것 같아서였다. 게다가 그는 변호사를 통해서 뉴욕과 서울에서 순차적으로 개최될 유엔난민기구 친선대사 취임식 준비로 출국을 해야 하니 다음 기일을 연기해달라는 요청까지 해왔다. 이러면 '도망 우려'라는 구속 사유까지 생기는 셈이다.

다음 기일에 피고인에게 유엔한국지부에서 들은 말을 해주면서 한국의 친선대사는 배우 정우성씨뿐이라고 들었다고 말했다. 그러자 피고인은 자신은 정우성이 누군지 잘 모른다고 말하더니, 자신의 경우는 배우처럼 단순히 유명해서가 아니라 특출한 능력을 인정받았기 때문에 유엔본부가 아니라 유엔법률국이 직접 대사로 임명한 것이라고 했다. 유엔법률국의 '폴 듀란'에게 직접 연락해보면 확인할 수 있다고 했다. 피고인에게는 미안하지만, 나는 우리나라의 위신을 생각해서 유엔법률국에 전화해서 폴 듀란을 찾아보지 않고 그 자리에서 그를 구속했다. 그러자 그는 이렇게 말했다. "재판장님, 이렇게 저를 구속하시면 뉴욕과 서울 동시 취임식이 전부 무산됩니다. 취임식이라도 하게 해주십시오."

얼마 후 피해자가 재판부로 편지를 보내왔다. 피해자는 피고인에게 속아서 재산을 탕진하고 아내는 화병 때문에 유방암에 걸렸다고 하면서, 피고인이 구속되기 이틀 전에 자기를 찾아와서는 합의를 해달라며 이런 말을 하더라고 했다.

"나는 어차피 청와대를 통해 정재민 판사에게 압력을 넣어서 집행유예로 풀려날 것이다. 그렇게 되면 나는 영원히 너에게 돈을 안 갚아도 되는 면죄부를 얻게 된다. 그러니 그냥 지금 합의서를 써달라. 합의서를 써주면 나가서 금방 돈을 갚겠다. 청와대가 비자금 삼십오억원을 특별활동비 명목으로 곧 내게 쏘아준다는 비둘기를 보냈다."

피해자는 그러면서 나에게 자신은 돈을 더 못 받아도 좋으니 제발 청와대의 압력에 굴복하지 말고(피해자는 아직도 속고 있는 모양이었다) 피고인을 엄하게 처벌해달라고 부탁했다.

나는 결국 그에게 징역 2년의 실형을 선고했다. 선고할 때 원래 훈계도 조언도 거의 하지 않지만, 그에게는 꼭 한마디를 해주고 싶어서 최대한 부드러운 말투로 말했다.

"감히 평가할 자격은 없지만 제가 처음 피고인을 보았을 때에는 언변도 좋고 인물도 좋고 두뇌도 명석해 보였습니다. 굳이 옥스퍼드 출신이다, 유엔대사다, 대통령과 절친한 사이다, 하고 꾸미지 않더라도 피고인께서는 있는 그대로도 충분히 멋있는 분이 될 수 있다고 진심으로 생각합니다. 다만 피해자들과 그 가족들은 당신의 거짓말들로 인해 마음에, 육체에 큰 고통을 받았습니다. 당장 돈을 다 갚을 수는 없다고 하더라도 말이나 글로라도 사과를 하는 것이 어떻겠습니까. 단, 사과를 할 생각이 있다면 이번만큼은 한점 꾸밈없이 진솔하게 해야 합니다."

그는 파르르 떨리는 한쪽 손을 다른 쪽 손으로 애써 붙잡고 있었다. 그가 후에 피해자에게 사과의 편지를 썼는지는 알 수 없다. 어쩌면 또다른 거짓말을 담은 편지를 보냈을지도 모르겠다.


## 과장님의 추억

보험회사 과장을 지냈다는 사십대 여성도 기억에 남는다. 공판 기일 며칠 전부터 교도소에 있는 그녀를 면담하고 온 국선변호인이 나에게 전화를 걸어와서 국선변호인을 사임할 수 있도록 허락해달라고 요청했다. 몇시간 동안 횡설수설하면서 고성을 질러대는 탓에 도저히 정상적인 대화가 안 된다는 이유였다.

며칠 후 공판기일 때 그녀를 처음 보았다. 그녀는 구금실 문을 열고 법정에 들어설 때부터 조선시대 고관대작과 같은 팔자 걸음으로 박력 넘치게 법정 안으로 걸어 들어왔다. 피고인석에 당도하자마자 양쪽 볼에 불만이 두둑한 얼굴로, 거대한 몸을 소리가 날 정도로 털썩 의자 위에 올려놓았다.

법정 경위가 그녀를 일으켜 세우려고 했다. 인정신문을 할 때까지는 피고인은 보통 자리에 서 있어야 하기 때문이었다. 나는 경위에게 눈짓으로 그대로 놓아두도록 지휘했다. 피고인에게 이름, 나이 등을 물었으나 그녀는 앉은 채로 다른 곳을 쳐다보며 성의 없이 대꾸했다. 내가 직업을 물었을 때 그녀는 비로소 내 눈을 쳐다보면서 "보험회사 과장요"라고 힘주어 말했다.

이어서 검사가 피고인에 대한 공소사실을 낭독했다. 길을 걷다가 아이들이 시끄럽게 군다고 아이들이 타고 있던 스케이트보드로 아이들을 두들겨 팬 것과 같은 반사회적인 폭행들이 줄을 이었다. 검사가 공소사실을 채 절반도 말하기 전에 피고인은 자리에서 벌떡 일어나더니 체구가 작고 나이가 어린 여성 검사를 향해 손가락질을 하면서 반말로 고함을 쳤다.

"야! 내가 그거 기소하지 말라고 했지?"

나는 내 귀를 의심했다. 기소권을 독점하고 있는 대한민국 검찰에게 그는 자신이 기소하지 말라고 했는데 감히 기소했다고 크게 야단을 치고 있었다. 욕설마저 퍼부어댔다. 그녀를 제지하기 위해서 나는 마이크에 대고 거듭 말했다.

"피고인 앉으세요."

"피고인 조용히 하세요."

"피고인! 피고인!"

그러나 그녀는 아랑곳없이 검사를 향해 고함을 쳤다. 법정 경위와 교도관들도 그녀의 행동을 제지할 수는 있을지언정 그녀의 입을 틀어막을 수는 없었다.

그때 문득 나는 "과장님!" 하고 불러보았다. 그러자 놀랍게도 그녀는 "네?"라고 존댓말을 하며 욕설을 멈추고 나를 쳐다보았다. 그 순간 그녀의 표정은, 마치 보험회사 과장으로 근무하던 시절로, 삶의 모든 것이 순조롭게 돌아가던 시절로 되돌아간 것처럼 편안해 보였다.

그뒤로 나는 재판 내내 그녀를 '신과장님'이라 불렀다. 그러자 그녀는 마치 내가 '정부장님'이나 '정상무님'이라도 되는 것처럼 협조적인 태도로 지시를 잘 따랐다. 심지어 하나도 인정할 수 없다던 공소사실도 모두 인정하고 자백했다. 그녀가 순한 태도를 보일수록 너무 기죽은 것 같아서 안쓰러워지기도 했다. 종종 차라리 예전처럼 거칠고 당당한 태도를 보여주었으면 하는 마음이 들 정도였다. 그녀는 왜 더이상 '과장님'이 되지 못한 것일까. 그녀를 '과장님' 시절로 돌려놓을 방법은 정녕 없는 것일까.

판결을 선고하던 날엔 조금 문제가 있었다. "피고인을 징역

1년에 처한다"라는 주문을 그대로 읽어야 했다. 그녀를 위해서 "신과장을 징역 1년에 처한다"라고 말할 수는 없는 노릇이었다. 할 수 없이 "피고인을 징역 1년에 처한다"고 판결을 선고했으나 의외로 그녀는 불만을 표시하기는커녕 나에게 차렷 자세로 고개를 꾸벅 숙이고는 뚜벅뚜벅 구금실로 걸어갔다.


## 판사가 피고인을 만나는 순간

나는 재판 전체를 통틀어서 인정신문을 가장 중요한 절차라고 생각한다. 인정신문을 통해서 확인할 수 있는 정보 자체가 중요한 것은 아니다. 직업, 나이, 주소, 등록기준지와 같은 정보는 피고인 자체가 어떤 사람인지, 성격이나 개성이 어떤지를 알려주지 않는다. 그저 공산품의 일련번호처럼 해당 사람들을 사회에서 편의적으로 분류하기 위한 표식일 뿐이다.

그럼에도 내가 인정신문을 중시하는 이유는, 이 시간이 판사와 피고인이 처음으로 만나는 시간이기 때문이다. 사람을 기록으로만 보는 것과 직접 만나는 것은 천지 차이다. 만나보면 글로는 표현되지 않는 많은 인상을 받을 수 있다.

가령 피고인의 걸음걸이만 해도 천차만별이다. 잔뜩 웅크리고 위축되어 걷는 사람, 성큼성큼 걸어 들어오는 사람, 발자국마다 분노의 불꽃이 활활 타오르고 있는 사람, 슬픔과 피해의식에 젖어서 비를 맞은 것처럼 걷는 사람.

껌을 씹으면서 들어온 피고인도 있었다. 나는 그에게 조심스럽게 "혹시 입에 뭐가 들어 있는 건가요?"라고 물었다. 그러자 옆에 앉아 있던 변호사가 벌떡 일어나서는 피고인을 향해 "거봐요, 진작 껌 뱉으라고 했잖아요"라고 나무란 적도 있었다. 이런 사람은 분위기를 읽는 능력이 떨어져서 사기꾼은 되지 못한다. 오히려 다른 사람들의 미움을 사서 충돌을 야기하기 때문에 폭력범죄로 기소되었겠구나 짐작하였는데, 아니나 다를까 밤에 술집에서 크게 싸움을 한 죄로 기소된 피고인이었다.

만남의 핵심은 시선을 맞추고 목소리를 섞는 데 있다. 나는 사람의 영혼은 눈빛과 목소리와 체온을 통해서 육체 밖으로 삐져나온다고 믿는다. 그러니 사람을 만난다는 것은 서로 눈빛과 목소리의 진동과 체온을 나누는 것이다. 누군가와 친밀해진다는 것도 결국 상대의 눈빛과 목소리와 체온에 익숙해지고 이를 거북해하지 않는 것이라 생각한다.

나는 재판의 핵심이 이런 만남에 있다고 생각한다. 판사가 사무실에서 기록을 읽고 분석하는 시간이 아무리 길다고 해도 법정에서 판사와 피고인이 대면하는 시간의 가치를 무력화할 수는 없다. 법정이라는 특별한 공간에서 서로의 눈빛과 목소리가 수없이 맞부딪히고 뒤엉킬 때만큼 판사가 판사가 되고 피고인이 피고인이 되는 순간은 없다. 공식적으로는 사건이 내게 배당된 순간 내가 그 피고인의 판사가 되겠지만, 내 마음속으로는 서로 직접 만났을 때 비로소 내가 그의 판사가 되고 그가 나의 피고인이 된다고 믿는 것이다.

그러나 현실은 판사가 법정에서 피고인을 만나는 시간보다 사무실에서 기록을 보는 시간이 훨씬 더 길다. 시간에 쫓기면 법정에서도 판사가 피고인을 제대로 쳐다보지도 않고 기록에만 코를 박은 채 재판을 진행하는 경우도 적지 않다. 나도 예외가 아니다. 사실 기록만 보고도 논리적으로 빈틈없는 판결문을 써낼 수 있다. 오히려 그것이 더 쉽다. 그러나 그런 일이라면 인간이 인공지능을 능가할 수는 없을 것이다. 그럼에도 인공지능의 재판을 재판이라 부르기 어려운 것은 인간 대 인간의 '만남'이 없기 때문이다.

그냥 스쳐 지나가는 인연도 대단한 것인데 판사와 피고인의 인연이 어디 보통 인연인가. 소설『이방인』을 아무리 거듭 읽어도 주인공 뫼르소와 눈빛을 마주칠 수도, 목소리를 들을 수도 없다(지금 이 글을 읽는 독자도 내 눈을 쳐다보거나 목소리를 들을 수는 없다). 그러나 법정에 가면 기록에서 읽던 사연의 주인공을 직접 만나고 눈빛과 말을 섞는다. 경이로운 일이다.

여기서 내가 흥미롭게 생각하는 것은 정작 내가 나 자신의 눈빛을 마주본 적이 없다는 것이다. 거울이나 사진을 통해 간

접적으로 보는 것 말고, 내가 내 얼굴을 직접 쳐다본 적이 없다. 사람은 자신을 대상화할 수 없는 것이다. 나는 나에게 '나'일뿐 결코 '너'가 될 수 없는 것이다. 나는 이 사실이 나를 포함한 사람들이 각자의 정체성을 형성하는 데 중요한 영향을 미친다고 (내 마음대로) 믿고 있다. 다른 사람은 어떤 사람이라고 쉽게 가늠을 하면서도 내가 나 자신을 아직도 잘 모르겠다고 느끼는 것도 내가 내 얼굴과 눈빛을 볼 수 없다는 점과 관련이 있지 않을까 싶다.

## 타인이라는 지옥

피고인의 눈빛을 보고 목소리를 듣는다고 해서 내가 그의 영혼을 꿰뚫어볼 수 있는 것은 아니다. 신처럼 피고인이 정직한 사람인지 선한 사람인지를 가늠할 수 있는 것도 아니다. 척 보면 감이 온다는 판사들도 없지 않지만 나는 경력이 쌓일수록 점점 더 헷갈린다. 나에게 그런 '감'이 안 와서가 아니다. 그런 '감'은 투명한 창문을 뚫고 들어오는 햇살처럼 외부세계의 진실이 그대로 내면에 전해진 것이라기보다는, 자신의 내면에 있는 콤플렉스, 트라우마, 죄의식, 가족 관계, 뿌리 깊은 기억 등이 외부자에게 투사되어 일으키는 환상일 때가 많다고 믿기 때문이다. 강한 '감'일수록 더 그렇다.

사람이란 존재는 타인이 단번에 척척 판단할 수 있을 정도로 단순하지 않다. 문학평론가 신형철은 "타인은 단순하게 나쁜 사람이고 나는 복잡하게 좋은 사람인 것이 아니라 우리 모두가 대체로 복잡하게 나쁜 사람이다."라고 했다.(『정확한 사랑의 실험』) 재판을 할 때마다 이 말이 얼마나 옳은지 절감한다. 내가 만난 수만명의 재판 당사자들은 모두 나와 마찬가지로 복잡하게 나쁜 사람이었다.

재판을 하면 할수록, 살면 살수록 인간을 잘 모르겠다는 생각이 강해진다. 판사 생활하면서 내가 가장 크게 깨달은 건 사람의 성격은 좀처럼 일반화를 할 수 없다는 것이다. 수천건의 사건을 겪으며 깨지고 또 깨지면서, 세상에는 같은 직업과 환경을 가지고도 성격이 다른 사람들이 너무 많다는 걸 알게 되었다. 약한 가해자도 있고 강한 피해자도 있다. 착한 부자도 있고 악한 가난한 자도 있다. 우리 집 아이들만 해도 똑같이 키우는데도 각자 얼마나 다른지 모른다. 그러다보니 사람들의 경향을 말할 때에는 "다 그런 건 아니지만"이나 "안 그런 사람도 있겠지만"이라는 말을 굳이 붙이게 되고 그런 말을 굳이 붙이는 사람들을 더 신뢰하고 좋아하게 되었다. 반대로 남들의 속마음이 이럴 것이라고 단정적으로 말하는 사람들과는 친구하기가 싫어진다. 특히 자기가 그런 처지에 있어보지도 않았으면서 단정하는 것을 보면 황당할 지경이다.

반면 재판을 할수록 점점 확신이 드는 것은, 너무나 뻔한 소리지만, 인간은 모순이 한 몸에 공존하는 존재라는 것이다. 선과 악이, 위대함과 초라함이, 평안과 불안이, 생명과 죽음이, 용기와 두려움이, 집단성과 개인성이 양립할 수 있다. 여러 모순된 측면을 한 몸에 지니고 있는 복잡한 존재이므로 한 측면이 있다고 해서 반대의 측면이 없는 것이 아니다. 봄이 다들 따뜻하다고 하지만 어디 따뜻하기만 한가. 눈물이 나도록, 얄밉도록 추운 날이 얼마나 많은가. 그럼에도 봄을 두고 그저 따뜻한 계절이라고만 해버리면, 따뜻하지 않은 그 모든 날들을, 쌀쌀한 그날들을 모두 봄이 아니라고 무시해버리는 것이다.

나는 그저 만남 자체가 삶의 살아 있는 순간이고, 사는 듯 사는 삶의 중요한 순간이라 여기는 것뿐이다. 내가 만남을 중시한다고 해서 다른 판사들에 비해서 피고인과 소통을 더 잘하는 것도 아니다. 나는 남들과 소통을 잘할 자신이 없다. 사실 그리 잘하고 싶지도 않다. 역량이 남으면 그저 내 자신을 좀더 잘 이해하고 싶다. 하루하루 변해가는 나를 정확히 이해하는 것도 어려우니까. 내 아이들과의 소통에도 어려움을 겪을 때가 잦다. 그러니 어떻게 법정에서 잠깐 만난 사람을 이해하고 그와 소통하려 들겠는가.

나는 사람들 사이에 소통이 잘되지 않는 것이 정상이고 보통이라 생각한다. 서로 살아온 환경과 그로 인해 구축된 성격이 제각각 다른데 소통이 되는 것이 정상인가. 공감, 이해와 같은 단어를 쉽게 입에 올리며 우리 서로 소통하자고, 소통을 해야만 한다고 강박적으로 덤벼드는 사람과는 소통이 된 적도 없고, 사실 소통하고 싶지도 않다.

때로 어떤 사람들과는 수월하게 소통되는 것처럼 느껴질 때도 있다. 그것은 막혔던 것이 비로소 소통된 것이라기보다는 이미 서로 유사한 마음과 처지를 가지고 있었기 때문일 것이라고 생각한다. 그러나 따지고 보면 그런 관계에서도 서로의 빙산의 일각만이 유사할 뿐, 그 밑에 숨은 빙산이 같은지는 깊숙이 속을 꺼내놓고 맞춰보아야 안다.

쇼펜하우어는 인간 관계를 겨울 벌판에 내버려진 고슴도치들의 딜레마에 비유했다. 서로 떨어져 있으면 추워서 얼어 죽고, 서로를 껴안으면 서로의 가시에 찔리고. 마음이 추운 사람일수록 상대와의 작은 유사점에 감동하고 섣불리 거리를 좁히려 달려들다가 그만큼 더 아프게 찔린다. (추웠던 청춘의 어느 날 나도 그럴 때가 있었지. 나도 찔리고, 나도 찌르고. 그래서 더 추웠던 날들.)

나는 소통이나 이해까지는 바라지도 않는다. 그저 내가 타인에게 지옥이 되지 않기만을 바랄 뿐이다. 한때 법원이 정책적으로 가장 강조해온 것이 '국민과의 소통'이었다. 소통을 강화하기 위해서 전국 법원이 경쟁적으로 '소통 행사'를 벌인 적도 있다. 소통은 개개인의 사적인 영역에서 이루어지는 것이지 집단적으로 소통 행사를 자주 한다고 얻을 수 있는 것이 아니지 않은가. 법정에서 칼자루 든 판사가 칼날 앞에 묶여 있는 피고인과 소통하자고 달려드는 게 진정한 소통인지도 의문이다. 직장 상사가 부하 직원과 소통하겠다고 계속 "밥 같이 먹자" "하고 싶은 말 허심탄회하게 해보라" "우리 서로 소통이 잘되는 거지?"라며 달려들면 소통이 잘되는 것인가.

이런저런 갈등으로 갈가리 찢어지고 있는 우리 사회에서는, 난이도 높은 소통보다 불통인 사람들과 공존하는 법을 모색하는 것이 더 필요하지 않을까. 공존을 위한 기본은 섣불리 소통하려 나서는 것보다 오히려 조급해하지 않고 기다리면서 함부로 남의 감정을 넘겨짚지 않고 상대의 말부터 듣는 것이다. 내가 감히 당신의 감정을 어떻게 다 알겠는가. 하지만 당신이 하고 싶은 말이 있다면 기꺼이 들어주겠다. 듣되 선악으로 판단하지 않고, 타인에게 전하지 않고, 당신의 불행을 내 행복의 땔감으로 사용하지 않고, 그저 내 가슴속 서랍에 고스란히 담아두었다가 당신이 민망할 때쯤 깨끗이 잊어주겠노라는 마음으로.

# 4

## 장난쳐서는
## 안 되는 것

## 어라, 원숭이 닮았네

인정신문이 끝나고 나면 검사가 공소장을 낭독한다. 한번은 이런 사례가 있었다.

"피고인은 십여명의 행인이 지켜보는 가운데 음주 측정을 요구하는 경찰관 ○○○에게, '어라, 이놈 봐라, 원숭이 닮았네. 어이, 원숭이! 원숭이가 왜 사람을 단속하고 ××이야. 원숭이가 경찰이면 나는 대통령이다. 너 엉덩이 빨갛지? 집에 가서 엉덩이에 파란 매니큐어 칠하면서 엄마한테서 바나나 우유나 빨아먹어 이 원숭이 ××야'라고 말하여 공연히 경찰관 ○○○를 모욕하였다는 것입니다."

검사가 마이크로 또박또박 책을 읽듯이 "어라, 이놈 봐라, 원숭이 닮았네. 원숭이가 왜 사람을 단속하고 ××이야. 너 엉덩이 빨갛지?"라는 우스꽝스러운 대목을 낭독하는 것을 듣고 있으면 밀려드는 어색함을 견디기 어렵다(그렇다고 검사가 욕설에 적절히 감정을 실어서 실감나게 낭독하면 그 역시 어색하다).

검사가 저런 욕설을 그냥 재미있으라고 적어놓은 것은 아니다. 공소장의 문장들은 어느 하나 허투루 실린 것이 없다. 위 공소장에서는 피고인을 모욕죄로 기소하는 것이기 때문에 어떤 욕설을 했는지 자체가 중요한 범죄요건이다. 그러나 모욕죄로 기소된 경우가 아니더라도 공소장에는 왕왕 욕설이나 위협적인 언사가 기록되어 있다. 피고인이 퍼부은 욕설은 범행 현장의 분위기, 피고인과 피해자의 친밀도, 피고인의 성격 등을 파악하는 데 중요한 단서가 되기 때문이다.


## 잡도리와 칼잡이


검사가 공소를 제기할지 여부를 결정하는 권한을 기소권 또는 소추권이라 한다. 기소는 근대에 들어와서 혁명 직후의 프랑스를 중심으로 국가의 삼권분립이 확립됨에 따라 생겨난 개넘이다. 원래는 판사와 검사의 구분 없이 왕으로부터 권한을 부여받은 귀족이나 관리가 기소와 재판과 처벌을 모두 담당했다(이를 규문주의라 한다). 조선시대 원님과 같다. 원님은 지금으로 치면 검사, 판사, 경찰서장, 교도소장, 구청장이 한 몸인 셈이다. 이런 제도에서는 무고한 사람이 처벌되는 경우가 많아진다. 법관이 무죄판결을 꺼려서다. 스스로 기소해놓고 스스로 무죄판결을 한다는 것은 자신의 기소가 잘못됐음을 자백하는 셈이기 때문이다. 게다가 동서양을 막론하고 고문이 합법적인 증거조사기법으로 사용되던 시절이었으니, 권력 유지에 방해되는 사람을 제거하는 수단으로 형벌권이 남용될 수 있었다.

그러다 삼권이 분립되면서 형벌권이 행정부에 속하고 재판권이 사법부에 속함에 따라 행정부가 범인을 처벌하기 위해서는 사법부에 형사소송을 제기(기소)해야만 되었다. 자연스럽게 기소를 담당할 공무원이 필요하게 되었는데, 마침 14세기부터 왕의 명을 받아 영주나 재력가를 찾아가서 벌금을 징수하거나 재산을 몰수하는 일을 하던, '왕의 대관(代官)'이라 불리던 이들이 있었다. 프랑스 혁명 이후 새로 설립된 공화국은 이들에게 기소권을 주었는데 이것이 검사제도의 효시였다. 이러한 프랑스의 검사제도는 독일과 일본을 거쳐 우리나라로 유입되었다.

검사의 한자는 檢事이다. 여기서 '검(檢)'자는 흔히 '봉함검'자라고 하는데 그 뜻 중에 '단속한다, 잡도리한다'는 뜻이 있다. '잡도리'는 '잘못되지 않도록 엄하게 단속하는 일'이라는 뜻이다. 언론이 검사들을 칼잡이에 비유하는 일이 많아서 일반인들도 검사의 '검(檢)' 자를 '칼 검(劍)' 자로 오해하는 경우가 많다.

수사권은 사람들을 칼로 베는 것만큼이나 치명타를 가할 수 있으니 검사를 칼잡이에 비유하는 것에 일리가 없는 것은 아니다. 검사 본인들도 칼잡이나 검객 비유를 그리 싫어하지 않는 것 같다. 검찰을 상징하는 마크도 대나무와 함께 칼을 형상화했다고 한다. 반면 어떤 검사들은 검사의 칼을 사회의 환부를 도려내는 의사의 메스에 비유하는데, 나는 이쪽 칼이 더 좋다.

## 나도 원래 검사가 되고 싶었는데

나도 원래 검사가 되기를 희망했었다. 사법시험 공부를 시작할 때부터 그랬다. 검사가 너무 하고 싶어서라기보다는 판사, 검사, 변호사 중에서는 그래도 검사가 다양한 사람들을 보다 가까이서 만날 수 있을 것 같아서였다. 지금이야 홀로 유유자적하는 것을 더 좋아하는 편이지만 그때는 사람들과 부대끼며 사는 것이 사는 듯 사는 것이라고 생각했다. 판사는 사람을 만나도 기록으로만 간접적으로 만나거나 법정에 들어가서도 법대 위 높은 자리에서 아주 짧은 시간 동안만 만날 것 같았다. 변호사를 하게 되면 소수의 돈 많은 사람들만 만날 것 같았다. 게다가 돈 많은 누군가가 나에게 돈 몇푼 준다고 해서 내 소신과 달리 그 사람이 옳다고 말하고 그 사람의 편을 들어야 하는 것이 내키지 않을 것 같았다.

그래서 고시 공부를 할 때에도, 사법연수원을 다닐 때에도, 법무관 첫해에 검찰관을 한 뒤에도 검사를 지망하는 입장에는 큰 변함이 없었다. 그러다 국방부 국제협력관실에서 법무관 생활을 하면서 생각이 변해버렸다. 국방과 외교와 행정이라는 영역을 새롭게 경험하면서 굳이 전통적인 판사, 검사, 변호사의 직역에만 평생 머물러 있지 않아도 되겠다는 생각을 하게 된 것이 근본적 원인이었지만, 조직 생활의 어려움을 실감하게 된 것도 적지 않은 영향을 미쳤다.

국방부에서 일할 때 우리 과에 근무하던 한 고참 군인이 정말 열심히 일했지만 진급을 하지 못했다. 그는 이년 동안 동고동락한 동료들에게 인사 한마디 하지 않고 다른 곳으로 가버렸다. 상처를 많이 받은 것 같았다. 자기가 살아온 인생 전체를 부정하고 있는 것 같았다. 생도 시절에는 태극기만 봐도 가슴이 뭉클해지면서 조국을 위해 언제든 목숨을 던질 수 있을 정도로 순수했다고 했다. 그랬던 사람조차 조직 생활의 연차가 쌓여가면서 진급에 연연하지 않을 수 없게 되는데, 그보다 덜 고결하고 덜 순수한 나는 그 나이에 이르면 더더욱 승진에 연연할 것 같았다.

무엇보다 인사고과를 잘 받기 위해서는 업무만 잘해서 되는 것이 아니라, 오히려 상사의 기분을 잘 맞춰야 한다는 것도 곁에 있는 군인과 공무원들을 보면서 실감하게 되었다. 내가 존경하지도, 좋아하지도 않는 사람에게 웃으면서 대하는 것을 잘할 자신도 없었고 잘하고 싶지도 않았다.

그 당시의 나는 젊고 세상 물정을 몰라서 나중에 출세나 승진은 해도 그만, 안 해도 그만이라는 객기가 있었지만, 냉정하게 따져보면 차츰 나이가 들면 그렇게 되지 않을 것 같았다. 검찰처럼 위계질서가 강하고 '잘나가는지'를 놓고 비교와 경쟁이 빈번한 조직에서, 나 홀로 승진이나 출세에 초연하게 평생을 일하며 살아갈 수 있다고 장담하는 것은 객기를 넘어 오만과 만용이라 생각하게 되었다. 승진에 연연하기 시작하면 윗사람의 심중이나 정치적 흐름을 살피면서 사건을 처리하는, 그냥 그렇고 그런 검사가 되고 말 것 같았다.

가뜩이나 '잘나간다'는 표현 자체도 진작부터 못마땅하게 생각하고 있었다. 내가 그리 잘나가보지 못한 사람이라서 그런지 모르지만 '잘나간다'는 표현이 그때나 지금이나 너무 천박하게 느껴져서 들을 때마다 손발이 오그라드는 느낌이다. 대체 어디를 그리 나간다는 건지. 차가 잘 나간다고 할 때의 잘 나간다는 의미라면 사람과 인생을 레이싱 경주처럼 단선적으로 생각한다는 것을 드러내는 것 아닌가. 사람과 인생을 그렇게 단순하게 보는 사람과는 경마장 파트너는 몰라도 친구가 되고 싶지는 않은데, 그런 표현이 집단적으로 사용되는 조직에서 일하면 결코 행복하지 않을 것 같았다. 그래서 시종 '잘 못 나가는' 판사가 되더라도 지위가 독립적인 판사가 되어 내 나름의 소신과 개성을 유지하면서 사는 듯 사는 삶을 추구하는 편이 더 낫겠다고 생각하게 되었다.

## 기소권보다 위력적인 불기소권

최근 수사권 조정 논의가 뜨거워지면서 수사종결권을 검찰과 경찰 중 누가 가질 것인가를 두고 논란이 되었다. 흔히 사람들은 수사기관의 힘이 사람이나 기업을 수사해서 처벌하는 데 있다고만 생각하지만, 현실적으로는 수사를 그만둘 수 있는 수사종결권의 위력이 만만치 않다.

수사기관이 죄 없는 사람을 죄가 있는 것으로 뒤집어씌우기는 쉽지 않다. 유죄의 증거를 인위적으로 만들기도 어렵고 무고한 사람을 기소해봤자 판사가 무죄판결을 할 것이기 때문이다. 그러나 죄 있는 사람을 덮어주는 것은 가능하다. 수사기관이 죄 있는 사람을 수사해서 기소하지 않으면 판사를 비롯해 그 누구도 처벌할 수 없다.

아무리 정확하게 천명을 처벌하더라도 한명을 제대로 처벌하지 않으면 이전의 천명이 억울해진다. 이것은 불의(不義)다. 정의의 본질은 '같은 것은 같게, 다른 것은 다르게' 취급하는 것이기 때문이다. 누가 나더러 대통령도, 재벌도 엄하게 처벌을 받아야 하느냐고 물어보면 당연히 그래야 한다고 대답하는 이유다. 그렇지 않으면 그보다 더 경미한 죄로 감옥에 간 모든 사람들이 억울해진다. 정의가 파괴되는 것이다.

좁은 땅에 많은 사람들이 복작거리면서 상시 서로 비교하며 살아가는 우리나라에서는 불공평이 쉽게 식별되고 사람들에게 깊은 내상을 입힌다. 아무리 노력해도 세상의 불공평을 없앨 수는 없다. 그러나 그 불공평이 불공정한 방식으로, 인위적으로 조성되는 것이 문제다.

나도 불공정한 불기소의 쓴 맛을 본 적이 있다. 그 사건이 발생한 지 팔년이 되었지만 아직도 어제 일어난 일처럼 힘든 감정이 올라온다. 그 사건을 겪으면서 당시에는 아프고, 끔찍하고, 역겹고, 서럽고, 억울한데 내 심정을 그대로 표현할 수가 없었다. 판사는 늘 점잖아야 하고 시끄러운 일을 만들면 안 된다는 조직 내외의 시선이 나를 밧줄처럼 옭아매었다. 내 감정의 십분의 일이라도 표현하면, 판사로서 마땅한 처신을 하지 못하고 피해의식에 갇혀서 객관성도, 중립성도, 품위도 잃었다고 비판받을까봐, 그럼으로써 법원 전체의 명예를 실추시킬까봐, 그로 인해 내가 속했던 지원의 지원장이 목전에 둔 승진을 망칠까봐, 남을 함부로 평가하고 남 이야기 퍼뜨리기 좋아하는 오지랖 넓은 옆 동료의 입에 오르고 싶지 않아서, 내 부모를 해친 일인데도 그 피 끓는 나이에도 꾹꾹 감정을 눌렀고 정당한 법적조치를 취하는 것조차 눈치를 보면서 전전긍긍했다.

그때의 경험 이후 판사로서, 한 시민으로서 우리 사회의 정의와 법을 보는 관점이 크게 달라졌다. 사람들이 울분을 토하고 때로 피눈물을 흘리는 심정을 이해하게 되었다. 이후 피고인이든 피해자든 법정에서 억울하다는 말을 하는 사람을 만날 때마다 내가 겪은 그 억울한 마음에 비추어 그들을 이해하려 노력하게 되었다.


## 정의로는 장난치지 말라


종교단체가 운영하는, 내 고향의 종합병원에는 류머티즘 명의가 있었다. 그가 젊은 나이에 명성을 얻은 비결은 사기였다. 노화로 인한 퇴행성관절염으로 팔다리가 아픈 노인들에게 "류머티즘이다, 류머티즘은 암보다 무섭다, (손발이 뒤틀어진 류머티즘 환자의 사진을 보여주면서) 나중에 이렇게 된다"라며 거짓 진단을 내렸다. 그러곤 겁먹은 노인들의 손을 꼭 잡아주면서 다정한 표정과 말투로 "걱정하지 마라. 죽을 때까지 내가 주는 약만 꾸준히 먹으면 악화되지는 않는다"고 말하며 특정 제약회사의 류머티즘 약을 장기간 처방했다. 그 대가로 명의는 제약회사로부터 매달 상당한 리베이트를 받고 병원으로부터는 동료 의사들 연봉의 두배를 받았다.

나의 부모님도 그 의사로부터 거짓 류머티즘 진단을 받고 칠년 동안 항암제나 항말라리아제와 동일한 성분인 독한 류머티즘 약을 먹었다. 약이 독한 만큼 몸에 부작용이 심했고 정신적으로도 불필요한 불안과 스트레스를 겪었다. 급성 위궤양으로 구급차에 실려 가기도 했다. 류머티즘이라는 공포 때문에 정신적으로도 위축되었다. 통계에 따르면 류머티즘 환자들 중 절반이 자살 충동을 느낀다고 한다. 내가 그 의사의 정체를 의심하고 처음 그를 찾아간 날의 상황을 있었던 그대로 소설 『보헤미안 랩소디』에 다음과 같이 묘사해놓았다.

우동규의 얼굴은 희멀겋고 두툼하게 살이 오른 데다 이마가 넓게 벗어져서 미끈한 고래의 대가리가 연상되었다. 금테 안경 너머로 눈빛이 둔탁하고 말투가 어눌해서 사기꾼이라기보다는 사기 피해자라는 것이 더 그럴듯하게 느껴지는 어수룩한 인상이었다.

"판사라고 하셨지요? 저의 어른도 법조계에 계시거든요."

아무런 인사말도 없이 그가 내게 한 첫마디가 그것이었다. 느리고 낮은 톤에 중성적인 목소리였다. 그는 자신의 아버지도 법조인이라는 말로 자신을 함부로 공격하지 말라는 경고를 한 셈이었다. 나는 그 말에 아무런 대꾸를 하지 않고 본론부터 이야기했다.

(…)

"그건 그렇고요, 제가 뵙자고 한 이유는 제 어머니의 병명을 알고 싶어서입니다. 저의 어머니가 류마티스 관절염이라고 하셨죠?"

"아니요, 이석화씨는 류마티스 관절염이 아니라 퇴행성 관절염입니다."

"네? 어제 저한테도 류마티스 관절염이라고 하지 않았습니까? 어머니도 이 병원에 다닌 구년 내내 류마티스 관절염이라고 들었습니다."

"이석화씨는 류마티스 관절염이 아닙니다. 그냥 퇴행성 관절염입니다."

그는 나의 시선을 피한 채 뻔뻔하게 잡아뗐다.

"그럼 제 어머니가 복용한 약은 항류마티스제가 아니었습니까?"

"약은 항류마티스제가 맞습니다."

"그게 무슨 말인가요? 류마티스가 아닌데 항류마티스제를 준 건 맞는다고요?"

"제가 말씀드릴게요. 전문 의학적인 내용이라 좀 이해하기 어려울 수도 있을 겁니다. 이걸 보여드릴게요."

그는 한참 동안 무의미하게 컴퓨터 화면을 뒤졌다.

"아니, 그걸 볼 필요는 없는 것 같고, 전 일단 이것부터 여쭤보고 싶습니다. 방금 선생님께서 저희 어머니가 류마티스 관절염이 아니라고 하셨죠?"

"예. 퇴행성 관절염이었습니다."

"그런데 제 어머니에게 항류마티스제를 주셨다고 했죠?"

"네."

"류마티스가 아닌데 항류마티스제를 주셨다는 거죠?"

"아, 그건 제가 말씀드릴게요. 환자분이 처음 오면…, 아니, 류마티스 관절염은 인터넷에서 찾아보면 일곱가지 진단 기준이 나옵니다. 양쪽 손목이 붓고, 류마티스 수치가 높게 나오고 결절이 생겨야 되고 여러가지가 있는데 어머니는 그렇게까지 안 되셨어요. 저한테 오셨을 때 그냥 관절염이 좀 있었고요, 아니, 처음 올 때 제가 진단명을 뭐라 했느냐면 이랬죠."

우과장은 밑도 끝도 없는 동문서답을 늘어놓았다.

"선생님. 저도 바쁘기 때문에 그냥 점잖게 이야기하고 오해가 있으면 풀고 가고 싶은데, 계속 말을 돌리시면 좀 갑갑합니다. 제

가 한가지만 물어볼게요. 제 어머니에게는 류마티스라고 하신 거
죠?"

"그건 제가 말씀 드릴게요. 류마티스 질환 종류가 백가지가 넘
습니다. 그 많은 류마티스들이 아직 원인이 밝혀지지 않은 것들
도 있고… 일단 차트를 보시면 염증 수치가…"

"그래서 제 어머니에게는 류마티스라고 말하신 거죠?"

"근데 그건 제가 말씀드릴게요. 의사 입장에서 환자가 처음 왔
을 때는, 처음 오고 하면, 환자가 경우에 따라서 류마티스 관절염
으로 진행이 됩니다. 염증성 관절염이 있다가도 증세가 그냥 좋
아지기도 합니다. 진단명을 붙이기는 염증성 관절염 내지 염증성
관절염 후기? 이렇게…"

그가 의도적으로 동문서답을 한다는 생각이 들자 내 말의 박자
가 점차 빨라졌다.

"류마티스라고 그러셨어요?"

"류마티스 질환은 제가 염증하고…"

"류마티스라 그러셨죠?"

"제가 그런 말은 하지 않죠."

"제 어머니에게 류마티스라고 하지 않았다고요?"

"네, 그랬을 리가 없습니다."

"그런데 어머니는 왜 류마티스 관절염으로 알고 계시죠?"

"그건 오해를 한 모양이네요. 아무래도 여기가 류마티스 내과

이다보니까."

말을 멈추고 한동안 그를 쳐다보았다. 그는 내 눈빛을 피하면서 시선을 컴퓨터 화면에 고정하고 있었다.

"제 어머니를 바보 취급하시는군요."

"아, 그런 뜻은 절대 아닙니다."

"좋습니다. 저에겐 솔직하게 말하기 싫으신 것 같네요. 그럼 경찰에서 이야기하세요."

나는 그렇게 말하고 자리에서 일어났다. 그러자 그가 자리를 박차고 와락 달려들어 내 팔을 붙잡고 자리에 앉혔다.

"잠깐만요. 제 이야기를 좀 들어보세요. 제 이야기도 좀 들어보셔야 할 것 아닙니까?"

"그럼 다른 이야기로 새지 마시고 솔직하게 대답해주세요. 그동안 제 어머니에게 류마티스라고 하셨죠?"

"환자가 처음 왔을 때, 이거는 의사의 그걸, 저를 좀 믿어주셔야 합니다. 류마티스는 염증 패턴이 다양합니다. 그래서 모든 환자가, 류마티스의 염증 수치가 안 나오는 관절염이 있고 수치가 나오는 관절염이 있습니다. 그래서 의사 입장에서, 처음 왔을 때 어머니가 다리가 불편하고 어디 아프시고 하지만 시간이 지나서 괜찮다고 하기도 하고, 또 나중에 괜찮아지는 경우도 있습니다. 제가 다른 환자의 예를 보여드릴게요. 한분만요. 딱 한분만요. 오래 안 걸립니다."

그때 간호사가 들어와서 제약회사 직원들의 명함을 책상 위에 놓으면서 그에게 물었다.

"밖에서 기다리는데 오늘은 그냥 가라고 할까요?"

제약회사 직원들이 그에게 점심을 대접하려는 모양이었다.

"아니, 기다리라고 해."

그렇게 말할 때 그는 완전히 다른 사람처럼 눈빛이 날카로워졌다. 나는 그 명함에 적힌 이름과 소속 제약회사를 눈으로 확인했다. 간호사가 돌아가자 그가 또다시 장황한 이야기를 늘어놓기 시작했다.

"저는 그만 돌아가는 게 좋겠습니다. 하고 싶은 말은 경찰에서 이야기하세요."

내가 일어나서 문 쪽으로 걸어가자 그가 꽁무니에 불이 붙은 개처럼 와락 달려들었다.

"제발 제 이야기를 좀 들어주십시오."

"더 들으면 뭣합니까, 동문서답만 하시는데. 그냥 가겠습니다."

"제가 인정하겠습니다."

"뭘 인정하겠다는 건가요?"

"류마티스가 아닌데 류마티스라고 한 것을요."

마침내 그가 실토를 한 것이었다. 나는 그를 노려보았다. 뜨거운 물을 급히 들이켠 것처럼 분노가 식도를 타고 끓어올랐다.

"당신 부모님이 구년 동안이나 류마티스의 공포에 떨면서 필요 없는 독한 약을 매일 먹다가 암에 걸리면 기분이 어떨 것 같아요?"

이렇게 말하는 나의 목소리가 휘청거렸다.

"이해해주십시오. 저희도 좁은 도시에서 먹고살려면 쉽지 않습니다. 정부의 의료보험 수가체계가 엉망이거든요. 그대로 하면 도저히 먹고살 수가 없어요. 의료보험 수가체계를 뜯어고쳐야 합니다."

그 말에 관자놀이에서 맥이 펄떡거렸다.

"지금! 그게! 할… 말이라고 생각하십니까?"

첫 음절은 큰 소리로 내질렀지만 나머지 말은 숨을 몰아쉬고 부들부들 떨면서 한 음절씩 힘겹게 토해냈다. 그의 몸을 꽁꽁 묶어놓고 자동판매기에 동전을 집어넣듯이, 지난 세월 동안 엄마가 먹은 항류마티스제를 하나씩 그의 목구멍에 쑤셔넣고 싶었다. 거대한 손톱깎이로 그의 손가락 마디마디를 잘라내고 싶었다. 분노와 경멸로 번쩍거리는 내 눈빛을 힐끔거리면서 그가 구걸하듯 말했다.

"저를 좀 봐주십시오. 제 아버지가 배추 장수입니다."

"네? 좀 전에는 아버지가 법조인이라면서요."

"아, 그건 생각해보니 큰아버지이고요, 제 아버지는 배추 장수입니다. 배추 장사를 하면서 저를 의사로 키웠습니다."

"그런데 왜 어렵게 사는 사람들에게 이런 사기를 칩니까? 저는 피해자가 제 어머니뿐이라고 생각지 않습니다. 경찰에 신고하고 모두 다 수사하도록 할 겁니다. 법적으로 가능한 민형사책임을 모두 묻겠습니다."

"그러시면 안 되죠. 제가 인정했으니까 그러면 안 되는 거 아닙니까?"

"정말 염치가 없으시네요. 다른 사람 눈에 피눈물 나게 해놓고 자신은 눈물 한방울 흘리지 않으려 하다니."

나를 붙잡는 그의 손을 뿌리치고 방을 나가버렸다. 주차장까지 성큼성큼 걸어가는 동안 내 심장에서 발화된 화염이 나를 뼛속까지 태우는 기분이었다. 주차장 입구로 들어섰을 때 그가 헐레벌떡 뛰어와서 내 앞에 무릎을 꿇었다.

"제발 한번만 봐주십시오. 제 아버지가 배추 장수입니다."

나보다 열댓살은 많은 사람이 내 앞에 무릎을 꿇으니 더욱 한심해 보일 뿐이었다. 그를 피해서 차를 세워둔 주차 빌딩 삼층으로 올라갔다. 그는 계단을 따라 올라와 내 차 옆에서 또다시 무릎을 꿇고 두 손을 모아 빌었다.

"이것만은 알아주십시오. 제가 이석화씨에게 친절하게 대해주었다는 것을요."

난 아무런 대꾸 없이 차에 올라타서 시동을 걸었다. 지프차가 그를 향해 몇차례 으르렁거리고는 거칠게 출발했다.

—『보헤미안 랩소디』 중에서

우리 부모님을 비롯한 몇몇 피해자들이 의사를 경찰에 신고했고, 이 사건이 지역 방송국에 보도되자 같은 피해를 입었다고 제보한 사람이 하루 만에 80명을 넘었다. 부모님과 내 앞에서 스스로 무릎을 꿇고 제발 신고하지 말아달라고 애원하던 의사와 병원은 경찰 수사가 시작되자 범행을 일체 부인하면서 필사적으로 저항하기 시작했다.

그동안 류머티즘이라고 속여온 환자들에게는 류머티즘이 아니라고 말을 바꾸거나 불치병인 류머티즘이 다 나았다고 둘러대고는 서명을 받았다. 대부분이 노인들인 환자들은 그저 자신에게 병이 없다는 말에 안도할 뿐 의사의 거짓 변명을 문제 삼는 것을 귀찮아하면서 의사가 시키는 대로 서명해주었다. 그 의사와 병원은 내가 병원 업무를 방해하고 돈을 주지 않으면 고소하겠다는 식으로 공갈과 협박을 했다면서 나를 법원과 검찰에 고소까지 했다. 아울러 그 의사가 처벌받지 않도록 인맥을 총동원해서 고향에 있는 지청의 검사들에게 사건 청탁을 했다. 나도 검찰 인맥을 찾으려면 찾을 수 있었지만 그 파렴치한 의사와 똑같이 하고 싶지 않았고 정정당당하게 해도 진실이 밝혀지고 의사가 처벌을 받을 것이라고 확신했었다. 그러나 이런 생각을 한 것은 훗날 후회로 남게 되었다.

수사 결과, 경찰과 수사검사 및 부장검사는 기소의견을 냈으나 선배 간부들에게 청탁을 받은 지청장은 불기소로 방향을 틀려다가 잘 되지 않으니 다른 곳으로 옮길 때까지 결재를 거부해버렸다. 이후 부임한 마당발로 유명하다는 부장검사는 "피의자가 환자들에게 류머티즘이라고 거짓말을 한 사실은 인정되나 그런 행위는 피의자가 의사로서의 명성을 높이기 위해서 한 것이므로 재물죄인 사기죄가 성립하지 않는다"는 판사 생활 동안 듣도 보도 못한 해괴한 결론을 손수 작성해서 당초 기소 의견을 냈던 검사 이름으로 무혐의결정을 내주었다. 의사의 처가에 있는 검찰 간부가 사건 무마를 위해 담당 검사에게 적극적으로 청탁했다는 것은 나중에 알게 되었다.

뜻밖의 무혐의결정을 받고 보니 황망함, 분함, 좌절감, 무력감 등 온갖 나쁜 감정들이 밀려들었다. 특히 따귀라도 맞은 듯한 모멸감이 들었다. 내가 믿었던 이 나라가, 나를 초등학생 불량식품 수준의 조악한 논리로 우롱하였다고 느껴서다. 지방 종합병원의 사기꾼 의사 하나를 처벌하기 위해서도, 무지한 노인들을 속여서라도 수익을 올리는 것이 우선인 종합병원, 천주교의 이미지를 상업적으로 이용하면서 사기 진료를 방조하는 종교 재단, 신제품의 연구 개발보다 의사들에게 리베이트를 주는 것을 핵심 판매 전략으로 삼는 제약회사, 선배 검사의 청탁을 들어줌으로써 승진을 위해 내부의 적을 만들지 않으려는 검사, 특정 지역의 모든 유력 인사와 네트워킹이 구축되어 있는 지방의 대학과 고교 동문회, 큰 광고주가 저지른 비위는 보도하지 않는 지역 언론의 카르텔을 모두 다 뚫어야 했다. 판사조차 못 뚫는 벽인데 법조계에서 일해보지 않은 일반 사람들은 어떻겠는가.

다른 피해자들도 검찰의 그 황당한 결정에 사기 진료보다 더 큰 충격과 상처를 받았다. 반면 가해자들은 멀쩡했다. 그 의사와 그 종합병원은 아무 일도 없었다는 듯 지금까지도 영업을 하고 있다. 선배 간부의 부탁을 잘 들어주면서 인맥을 관리하던 검사들도 잘살고 있다. 이 사건을 불기소로 방향을 틀다가 안 되자 결재를 거부하고 가버린 지청장은 훗날 고검장이 되었고, 불기소 결정문을 직접 써준 마당발 부장검사는 변호사 개업을 해서 많은 돈을 벌었다. 그 이전에도 형사사건 기록을 보면 왜 이 사람은 기소를 하지 않았는지 석연치 않은 경우가 왕왕 있었지만, 내가 직접 사건의 피해자가 되니 비로소 생생하게 깨달았다. 검찰의 진짜 큰 힘은 죄 지은 사람을 감옥에 보내는 기소권보다 죄 있는 사람에게 면죄부를 주는 불기소권에 있다는 것을.

이런 일을 겪고 나니 내 직업에 심각한 회의가 들어서 사표를 내고 싶어졌다. 일단 내 자신이 이처럼 불완전한 사법 시스템의 일원이라는 것이 자존심 상했다. 내 부모도 지키지 못하는 놈이 무슨 남의 인권을 지키는 일을 하겠느냐는 자괴감도 들었다.

　마음을 달래려고 퇴근하면 바닷가 근처 카페에서 밤바다를 흘깃거리며 글을 썼다. 처음 몇달은 벙어리가 하소연하려 용쓰듯 글이 써지지 않았다. 한참 후 문장들이 제법 쌓일 때 즈음 되어서야 격랑 이는 거친 바다 같던 마음이 차츰 잦아들기 시작했다. 소설 『보헤미안 랩소디』는 바로 그 문장들을 모은 글이다.

　그 사건을 겪으면서 무엇보다도 내가 판사로서 하는 일을 돌아보게 되었다. 나는 그동안 오판으로 얼마나 많은 사람들을 이런 지옥으로 몰아넣었을까. 그 불편하고 두려운 감정을 다 표현할 길이 없다. 그 사건 이후 재판을 대하는 자세와 관점이 이전과 같을 수 없었다. 마치 운전하다 가족을 잃어본 사람이 다시 운전대를 잡은 것처럼. 법복 안쪽 가슴에는 보이지 않는 세줄의 표어가 새겨졌다.

　"음식 장사는 먹는 걸로 장난치면 안 되고,

　의사는 병으로 장난치면 안 되며,

　법조인은 정의로 장난치면 안 된다."

# 5

## 피고인석에
## 앉아

## 피고인석에 앉아서

어느날 오후 텅 빈 법정에 들어가 피고인석에 우두커니 앉아보았다. 판사 생활을 그만두기 전에 피고인석에 꼭 한번 앉아보고 싶었다. 군대에서 검사도 해보고, 사법연수원생과 법무관 시절 국선변호인도 해보아서 검사석과 변호인석은 앉아보았지만 다행히도 아직 피고인석에 앉아본 적은 없었다. '타인의 신발을 신고 두달 동안 걸어보지 않고서는 그를 판단하지 말라'는 인디언 경구는 진작 알았으면서도 판사석에서 고작 열발자국 떨어진 피고인석에 앉기까지 십여년이 걸렸으니 나도 참 무심한 판사였다.

그러나 막상 피고인석에 앉아보아도 판사석이 생각했던 것보다 높더라는 것 외에는 특별한 느낌이 없었다. 불편한 감정들이 스멀스멀 피어오를 줄 알았는데, 별 감정이 올라오지 않았다. 그 앞에 앉기만 해도 롤러코스터를 탄 것처럼 가슴을 불안하게 출렁거리게 할 줄 알았던 피고인석 앞의 나무 테이블도 내가 지금 이 글을 쓰느라 노트북을 올려놓은 카페 테이블과 별 다를 바 없어 보였다.

당연했다. 나는 피고인이 아니었기 때문이다. 늑대가 양의 공포에 대해 말할 수 없는 것처럼(러시아 작곡가 블라지미르 루빈의 말이라 한다) 판단을 하는 칼자루를 쥐고 있는 판사가 판단을 받는 사람의 어려움을 어떻게 충분히 이해하겠는가. 기껏해야 피고인의 처지를 내 입장에서 추측해볼 수 있을 뿐이었다.

내 치부를 아는 사람 앞에서, 나의 신상을 좌지우지할 수 있는 사람 앞에서 나는 얼마나 불편하고 작아지는가. 하물며 검은 옷을 입은 검사가 나라를 대표해서 내 죄를 낱낱이 낭독하고, 법대 위 높은 자리에 앉아 있는 판사가 의심스러운 눈초리로 나를 내려다보고 있으면, 나는 얼마나 두렵고 비참하고 무력감을 느낄까. 칼과 갑옷을 빼앗긴 채 남루한 포로의 옷만 걸치고 적장 앞에 무릎이 꿇려 항복하는 장수의 기분일까. 벌거벗은 채 수술대 위에 누워서 외과의사가 든 메스에 자신의 생명을 모두 맡겨놓은 환자의 기분일까.

피고인 입장에서는 법정에 오는 것 자체가 두렵고 부담스러울 것이다. 가까운 친척분이 형사재판을 받은 적이 있는데, 공판기일이 다가올수록 나에게 자주 전화해서 초조함을 호소하다가 공판기일이 지난 직후부터는 연락이 뜸해지기를 반복했다. 얼마나 법정에 나가기 싫겠는가. 그래서 아예 나오지 않는 피고인들도 이해는 간다. 법정에 나오지 않고 도망다니다가 나중에 잡히면 더 큰 벌을 받는다는 것을, 좁은 우리나라에서는 도망갈 곳도 별로 없다는 것을 그들도 잘 알고 있다. 그것을 알면서도 당장의 두려움과 고통과 심적 부담감이 너무 커서 일단 회피하게 되는 것이다.

피고인이 출석하지 않으면 원칙적으로 재판을 열 수 없다. 벌금 500만원 이하를 선고하는 경우와 같이 경미한 사건의 경우에만 예외적으로 피고인 없이 재판을 할 수 있다. 피의자가 '도망 우려'가 있을 때 구속영장을 발부하는 것도 재판에 출석하도록 담보하기 위해서다.

피고인의 건강이 나쁘면 출석하지 않을 수 있다. 이때는 의사의 진단서와 같은 자료를 제출해서 질병 등으로 출석할 수 없다는 것을 소명해야 한다. 이때 정말 건강이 나빠서 출석하지 못하는 피고인도 있지만 꾀병을 부리는 피고인도 있다.

## 반신불수 환자를 치료하다

처음 형사단독재판부에 부임해서 기존 사건 기록들을 검토하다 재판이 삼년째 제대로 진행되지 않은 사건을 발견했다. 삼십대 중반의 피고인 S가 온몸의 근육이 풀려서 움직일 수 없는 희귀병에 걸렸다는 이유로 재판이 무기한 연기되고 있었던 것이다. 그런데 의심스러운 구석이 한두가지가 아니었다.

우선 피고인이 사기죄 전력이 여러차례 있는 데다가 이 사건의 공소사실에서 피고인이 한 거짓말이 너무 황당하고 유치했다. 공소사실에 따르면, 피고인은 검사로 일하다 관두고 뜻한 바가 있어서 컴퓨터 관련 벤처사업을 하고 있고, 자기 아버지는 부장판사 출신으로 우리나라에서 힘깨나 쓰는 유력자들과는 대부분 친분이 있다고 말하고 다녔다. 그런 거짓말을 바탕으로 법률문제로 힘들어하는 피해자들에게는 판검사들에게 말해서 사건을 해결해주겠다고 하고, 일자리를 찾고 있는 피해자들에게는 좋은 회사에 취직시켜주겠다고 하고, 음악 실기시험을 앞두고 있는 학생들의 학부형들에게는 교수에게 청탁해주겠다는 식으로 거짓말을 해서 피해자들에게 돈을 받아 챙겼다.

그러다 덜미가 잡혀 구속기소되고 나자 갑자기 그는 모든 근육이 풀려버리는 희귀성 난치병에 걸려 걷지도 못하고 말하지도 못한다면서 구속집행정지 결정을 받아서 그의 고향인 어느 지방 소도시의 병원에 장기간 드러누운 채 재판받기를 거부하고 있는 것이었다. 더 희한한 것은 우리나라에서 그 희귀병에 대한 치료법을 알고 있는 의사가 단 한명밖에 없는데 그 의사가 마침 자기 고향에 있어서 그 의사가 있는 중소 병원에 입원하고 있다는 것이다. 물론 지방의 중소 병원에도 화타 같은 명의가 없으라는 법은 없지만, 사기 전과가 수두룩한 사람이 하필 재판이 시작될 무렵 희귀성 난치병에 걸렸고 그 희귀병을 치료할 수 있는 우리나라 유일한 의사가 사기꾼의 고향에 산다는 것은 지나치게 희귀한 일이었다.

나는 피고인 S에게 소환장을 보내서 바로 다음 달 공판기일에 법정에 출석하라고 하였다. 그러자 피고인 S는 현재 희귀병 치료에 필요한 희귀한 치료를 받고 있는 중인 데다가 건강이 더더욱 악화되어 장거리 이동을 할 경우 심각한 상태에 빠질 수 있다는 회신을 보내왔다. 그 회신에 대해서 나는 피고인이 출석하지 못한다면 내가 직접 그 병원에 가서 재판을 하겠다고 회신했다. 그랬더니 그가 마지못해 구급차를 타고 법정에 나오겠다고 했다.

공판기일 날 링거를 매단 병상이 법정 안으로 들어와서 다른 피고인들과 방청객들을 비롯한 모든 사람들의 주목을 끌었다. 병상 위에는 연두색 환자복을 입은 피고인이 산소호흡기를 착용한 채 누워 있었고 그 양옆으로 간호사 두명이 호위하고 있었다. 피고인의 형이라는 사람이 법정경위를 통해서 다른 사건을 재판하고 있는 나에게 쪽지를 전달해왔다.

"판사님, 장거리 이동으로 피고인 산소통의 산소가 많이 닳아서 산소가 얼마 남지 않았습니다. 서둘러 이 사건을 진행해주시기 바랍니다."

고개를 들어 그 형이라는 사람을 쳐다보니 그는 방청석 뒤에서 산소통을 가리켰다가 양손을 엑스 자로 포개는 동작을 반복하면서 산소가 모자란다는 싸인을 보냈다. 나는 그에 아랑곳없이 일정표에 있던 순서대로 다른 사건들부터 차근차근 진행해나갔다. 삼십분 동안 피고인 S를 호명하지 않자 피고인의 형이 근심 어린 표정으로 나를 향해서 양손을 엑스 자로 포개는 시늉을 마치 야구장 치어리더처럼 더더욱 분주하게 반복했다. 나는 차례에 따라 그 앞의 사건들을 모두 끝내고 마침내 피고인 S를 불렀다.

"피고인, 지금부터 불리한 진술은 거부할 수 있고 유리한 진술을 할 수 있습니다. 이름, 주민번호, 주소를 말씀해보세요."

피고인 S 대신 그의 형이라는 사람이 대답하려고 나서자 나는 손짓으로 그를 제지하면서 말했다.

"아니, 피고인이 직접 대답해보세요."

내가 산소호흡기를 쓰고 누워 있는 피고인에게 직접 대답할 것을 요구하자 법정에 있는 모든 사람들이 어리둥절한 표정으로 피고인과 나를 번갈아 쳐다보았다. 피고인 S가 아무런 대답이 없자 나는 병상 옆에 서 있는 두 간호사를 향해서 말했다.

"이름이 무엇입니까? 어느 병원 소속인가요? 신분증 한번 제출해보세요. 그동안 피고인을 죽 간호해온 분들인가요? 제가 어제 병원에 전화를 해보니 어느 간호사가 피고인 S는 멀쩡히 걸어다닌다고 했는데 그 간호사는 아닌가요?"

내 질문에 두 간호사들은 당황해서 서로를 쳐다보기만 할 뿐이었다. 그때 내가 물었다.

"언제부터 피고인을 간호했습니까?"

그러자 간호사들이 실토했다.

"오늘부터입니다."

내가 또 물었다.

"간호사는 맞습니까?"

"아닙니다."

가짜 간호사들은 당황하더니 사실은 오늘 일당을 받고 동원되었다고 실토했다. 나는 이어서 피고인의 형에게 물었다.

"당신은 피고인의 친형이 맞습니까? 신분증 제출해보세요."

그러자 이번에는 피고인의 가짜 형이 고개를 푹 숙이고 아무런 대답을 하지 못했다. 나는 변호인에게 물었다.

"변호인, 제가 보기엔 피고인이 지금 연기를 하면서 병상에 누워서 재판장까지 속이려고 하는 것 같은데 변호인은 어떻게 생각하십니까?"

그러자 변호인의 얼굴도 굳어지더니 이렇게 대답했다.

"네. 저도 그런 것 같습니다."

나는 방청객 뒤에 누워 있는 피고인을 향해 말했다.

"피고인, 이제 그만하고 그냥 일어나시죠."

그러나 피고인 S는 눈을 감은 채 꿈쩍도 하지 않았다. 내가 한번 더 말했다.

"피고인, 다 끝났어요. 이제 일어나세요. 산소도 다 떨어진 지 오래일 텐데요."

그때서야 피고인이 누운 채로 두 눈을 번쩍 떴다. 그러나 곧바로 일어나기는 민망한지 두 눈만 뜬 채 움직이지 않고 가만히 누워 있었다. 내가 목소리를 좀더 무겁게 해서 다그쳤다.

"피고인, 재판장 지시를 무시하는 것입니까? 다 듣고 있으면서 왜 안 일어납니까?"

그러자 근육을 전혀 움직일 수 없다던 피고인은 스스로 산소호흡기를 떼더니 부스스 일어나 앉았다. 방청석에 앉아 있던 사람들이 앉은뱅이를 일으킨 예수의 기적을 본 것처럼 눈을 반짝거리며 웅성거렸다. 피고인은 민망해서 조금은 몸이 아픈 척을 하고 싶었던 것인지 똑바로 서지 못하고 팔짱을 낀 채 등을 병상에 엉거주춤 기대고 섰다.

"앞으로 나와서 똑바로 서세요!"

내가 큰 목소리로 말하자 피고인 S는 성큼성큼 법대 앞으로 걸어 나왔다. 나는 그에게 이름, 나이, 주소 등을 물으면서 인정신문을 했다. 그의 목소리와 눈빛에는 또렷하고 날카로운 기세가 깃들어 있어서 저런 태도로 말하면 진짜 전직 검사로 착각할 수 있겠다는 생각이 들 정도였다.

피고인 S는 자신을 두달만 풀어주면 피해자들에게 피해 금액을 모두 변제하고 합의를 해서 돌아오겠으니 잠시 풀어달라고 말했다. 피해자들이 예닐곱에 피해액이 약 십억원에 이르렀는데도 여전히 정신을 못 차리는 것이었다. 나는 더이상 말을 섞지 않고 그 자리에서 그를 구속하고 구금실로 보냈다. 그러고 나니 법정에는 가짜 간호사들과 가짜 형님만이 덩그러니 남게 되었다. 방금 전까지 피고인과 한패가 되어 나를 속이려던 그들은 피고인으로부터 거짓 연기의 대가를 받지 못하게 됨으로써 이제 피고인의 최신 피해자들이 되어버렸다.

며칠 뒤 교도소 교도관들이 내 사무실을 찾아왔다. 피고인 S가 온 내장에 통증이 생기는, 원인을 알 수 없는 병에 걸렸다면서 병이 위중하니 구속집행정지를 허가해달라는 것이었다. 내가 그간의 일을 알려주면서 속으면 안 된다고 말했지만 교도소장이 골치 아파하는 인물이라 어떻게든 내보내라고 지시했다면서 제발 허가를 해달라고 집요하게 요청했다. 그러나 나는 끝내 허가해주지 않았다. 관리하기 어려운 인물이라고 해서,

아프다는 게 거짓말인지 알면서도 교도소에서 내보낼 수는 없었다. 마지막 선고기일에 나는 무거운 징역형을 선고했다. 피고인이 항소를 포기해서 형이 그대로 확정되었다. 나는 피고인이 자신의 잘못을 깊이 뉘우쳤기 때문에 항소를 하지 않은 것인가 생각했다. 그런데 다시 한두달 후 피고인 S가 희귀병을 이유로 형집행정지로 풀려났다는 소식을 들었다. 항소를 포기해서 빨리 형을 확정시킨 다음에 아프다는 이유로 법무부에 형집행정지를 신청한 것이었다. 이번에는 대체 어떤 거짓말을 한 것일까. 정말이지 희귀성 난치병 같은 인물이었다.


## 병실에서 열린 재판


오십대 중반의 피고인 K의 사건도 삼년째 재판이 진행되지 않고 있어서 장기 미제 사건으로 분류되어 있었다. 피고인 K는 S와는 달리 진짜로 전신마비라서 법정에 오는 것이 불가능했다. 게다가 간경화가 악화되어 죽을 날만 기다리고 있었다. 굳이 부르자면 구급차를 타고 오라고 요청할 수도 있었지만 그것은 인간에 대한 도리가 아닌 것 같았다.

그런데 기록을 보니 피고인 K의 죄가 상당히 경미했다. 어느 식당에서 처음부터 돈이 없었음에도 불구하고 삼겹살 이인분과 소주 한병을 먹고 이만원 정도를 내지 않았다는 이유로 사기죄로 기소된 것이다. 식당 주인의 신고로 경찰서에서 조사를 받게 된 K는 왜 무전취식을 하였냐는 경찰의 질문에 "그냥 화가 나서"라고 대답했다. 기록에 나타난 그의 사정을 살펴보니 '그냥'이 그냥은 아닌 것 같았다.

피고인 K는 일용직 노동자였다. 집이 없어 찜질방 등을 전전하며 살았고 미혼이라 가족도 없었다. 누나와 동생이 있었지만 어떠한 사정으로 그들은 K를 가족으로 여기지 않고 연락을 끊고 지냈다. K에게는 이 사건 전에도 열다섯번이나 식당이나 술집에서 음식을 먹고 돈을 내지 않아서 사기죄로 처벌된 전력이 있었다.

검사는 K를 사기죄로 벌금 30만원에 약식기소를 했는데 이에 대해 K가 정식 재판 청구를 했다. 약식기소는 판사가 재판을 열지 않고 서류만으로 판단을 하는 절차인데, 이에 대해 피고인이 정식으로 재판을 받고 싶으면 정식 재판 청구를 할 수 있다. 그런데 재판을 시작한 직후에 K가 찜질방에 갔다가 뇌출혈로 탈의실에서 쓰러지고 말았다. 그후 팔다리가 마비되어 일어서서 걸을 수도, 자기 힘으로 앉지도, 스스로 밥을 먹지도 못하게 된 것이다.

나는 K가 식당에서 혼자서 쓸쓸하게 삼겹살을 구워 먹고 소주를 마시는 장면을 생각해보았다. 그리고 어느날 갑자기 전신

마비가 되고 간경화에 걸려서 병원에 누워 죽을 날만 기다리고 있는 장면도 생각해보았다. 고작 이만원 때문에 죄인이 되었는데 죗값을 치르지도 못하고 죄를 면제받지도 못하는 찝찝한 상태에서 죽음만 기다린다는 것이 안쓰러웠다.

내가 직접 병원에 가서 재판을 하면 어떨까 생각했다. 마치 가톨릭 신부가 고해성사를 주재하면서 하느님의 이름으로 영혼의 죄를 씻어주듯이 판사도 K가 죽기 전에 법률적 죄를 해결해줄 수는 없는 것일까. 내가 그해를 끝으로 판사 생활을 마치리라고 내심 작정하고 있지 않았다면 하지 않았을 생각이었다.

그러나 재판장이 하고 싶다고 밀어붙일 수 있는 일이 아니었다. 검사나 국선변호인도 협조를 해주어야 했다. 병원도 제법 멀리 떨어져 있어서 차를 타고 한참을 가야했다. 재판을 하고 오면 반나절이 다 가버리고 만다. 피해액이 이만원이고 벌금이 고작 삼십만원인 사건에 매일 야근하느라 바쁜 검사와 할 일이 많은 변호사가 응해줄지 조심스러웠다. 그러나 좀 부담스럽기는 해도 검사와 변호사 모두 일을 열정적으로 하면서도 배려심이 있는 분들이라 이해해줄 것 같았다. 숙고 끝에 조심스럽게 요청해보았더니 과연 두분 모두 싫은 내색을 하지 않고 기꺼이 병원에 가서 재판을 하겠다고 했다. 변호사는 심지어 자기 개인 돈으로 식당 주인에게 변상해주었다.

나는 법원에서 내어준 차를 타고 검사, 변호인, 참여관, 실무관을 모두 데리고 피고인 K가 있는 병원으로 갔다. 병원에서는 원장의 방을 법정으로 쓰라고 내어주었다. 변호인이 K와 접견을 하러 병실로 올라갔다.

얼마 후 휠체어를 탄 K가 병실 내 법정으로 들어왔다. 고개를 자기 힘으로 가누지 못해서 고개가 한쪽으로 기울어져 있었다. 머리에는 머리카락이 한올도 남아 있지 않았다. 간호사가 옆에 앉아서 K의 입가로 흐르는 침을 연신 수건으로 닦아주어야 했다. 그는 목에 호스를 꽂아서 호흡을 하고 있었기 때문에 말은 하지 못했지만 눈짓과 손짓으로 '예' '아니오' 정도의 의사표시를 할 수 있었다. 지난 사년 동안 가족을 포함한 누구도 그를 면회 온 사람이 없었는데, 비록 판검사가 재판을 하러 찾아온 것이지만, 누군가 자신을 찾아와서, 자신이 주인공이 되어서 무척 반가워하고 있다고 간호사가 설명해주었다.

나는 평소와 다를 바 없이 재판을 진행했다. 진술거부권을 고지하고, 인정신문을 했다. 검사가 공소사실을 낭독했고 변호인이 피고인을 대신해서 공소사실을 인정했다. 검사는 예전 약식명령과 같이 벌금 30만원을 구형했고 나는 잠시 휴정을 한 이후에 판결을 선고했다.

"피고인은 다수의 동종전과가 있음에도 또다시 이 사건 범행을 저질렀다는 점에서 비난받을 가능성이 큽니다. 그러나 피해액이 23,000원으로 경미한 점, 피해가 뒤늦게라도 회복된

점, 오십대인 미혼의 피고인이 형제 등 기존 가족들과도 인연이 끊긴 채 일용직 노동자로 정해진 숙소도 없이 장기간 전전하다가 이유 모를 울분이 차올라 돈 없이 혼자서 삼겹살에 소주를 마심으로써 이 사건 범행을 저지른 점, 그로부터 얼마 후 피고인이 갑작스럽게 뇌출혈로 쓰러져 기립과 보행을 못하게 되고 평생 병원에 머물러야 할 상태가 된 점, 이러한 피고인에 대해서까지 우리 사회가 엄정하게 형을 선고하는 것은 장기간 함께 살아온 사회구성원에 대한 지나치게 가혹한 조치라고 생각되는 점 등을 고려하여 피고인에 대한 형을 벌금 10만원으로 정하되 그 형의 선고를 유예한다."

형의 선고를 유예한다는 것은 벌금을 내지 않아도 된다는 뜻이다. 내가 판결을 선고하자 피고인 K는 시선을 아래로 떨구더니 멋쩍은 미소를 지었다. 옆에 서 있던 간호사가 이제 후련하냐고 묻자 그는 힘주어 고개를 끄덕였다. 재판이 끝나고도 마치 더 오래 재판을 하고 싶은 듯 아쉬움이 역력한 표정이었다.


**불출석하는 사람들**


피고인만 불출석하는 것은 아니다. 변호사, 검사, 심지어 판사도 재판 중에 자리를 이탈해버리는 경우가 있었다. 어느날

내가 법정에서 증인신문 절차를 진행하고 있는데 어느 변호사가 손을 들더니 자기가 곧 외국 가는 비행기를 타야 한다면서 법정을 떠나겠다고 했다. 증인신문이 이례적으로 길어졌던 것도 아니고, 변호사가 사전에 나에게 그런 양해를 구한 것도 아니었다.

무엇보다도 그렇게 하면 어렵게 나온 증인이 나중에 또 나와야 할 뿐만 아니라 다음에 증인신문을 다시 했을 때 증언 내용이 바뀌면 재판의 공정성에도 타격을 입는다. 나는 그것은 곤란하다고 했다. 잠시 휴정을 하면서 변호사에게 필요한 조치를 취하고 오시라고 했다. 그런데 변호사가 그 길로 가버렸다. 기다려도 변호사가 오지 않아서 법정경위를 보내서 찾아보라고 했더니 한참 뒤에 경위가 헐레벌떡하면서 변호사를 데리고 왔다. 저 멀리 가고 있는 것을 달려가서 설득해서 겨우 데리고 왔다는 것이다.

검사가 재판 중에 자리를 박차고 법정을 나가버렸다는 말도 들었다. 재판에 항의해서 검사가 나가버린 경우는 그전에도 한두번 들은 적 있지만, 그 검사는 퇴근시간이 한참 지났는데도 판사가 양해를 구하지 않고 늦게까지 재판을 계속한다고 그냥 나가버렸다고 한다.

합의부 재판 중에 배석판사가 혼자 나가버린 경우도 있었다. 그 배석판사가 재판장에게 오늘 매우 중요한 약속이 있으니 재판을 일찍 끝내주기를 미리 부탁했는데, 재판장이 들어주지 않고 저녁 시간이 지나도록 재판을 계속 진행하자 법정을 나가 버린 것이다. 화가 난 재판장은 배석판사의 일을 법원행정처에 제보했다. 그러나 법원행정처 담당자가 관련 규정을 찾아본 결과, 의외로 배석판사가 아니라 재판장이 잘못했다는 판단을 내렸다고 한다. 근무시간 이후에 재판을 하기 위해서는 법원장의 별도 허가를 받아야 하는데 그런 허가 없이 재판을 계속한 것은 잘못이라는 것이었다. 법은 판사에게도 이렇게 어렵다. 알기도, 지키기도.

## 호모파베르의 발명품, 형사재판

피고인도, 검사도, 변호사도, 판사도 모두 제자리에 출석해 있어야 형사재판 제도가 본래의 역할을 제대로 해낼 수 있다. 형사법정만큼 입법, 행정, 사법의 삼권분립이 뚜렷하게 공존하는 공간을 찾기 어렵다. 판사는 사법부 소속이고, 법률은 입법부의 명령이고, 검사는 행정부를 대표해서 형벌권을 행사하고, 피고인은 시민이고, 변호인은 시민의 권리를 옹호한다. 형사재판은 이러한 각 입장의 견제와 균형 속에서 진실이 밝혀지고 정의가 실현되도록 설계되어 있다.

프랑스 철학자 앙리 베르그송(Henri Bergson)은 인간을 '호모 파베르(Homo Faber)'라고 했다. '도구적 인간'이라는 뜻이다. 돌아보면 인간은 그동안 참 근사한 발명품들을 만들어냈다. 나는 아직도 두발자전거를 타고 미끄러지듯이 달릴 때마다 자전거라는 물건이 신기하게 느껴진다. 그러니 자동차, 비행기, 휴대폰 같은 최첨단 기기는 말할 것도 없다. 그 모두가 오랜 역사에 걸쳐 인류의 아이디어와 시행착오가 집약된 산물이다.

형사재판도 인류의 지혜가 축적된 발명품이다. 판사, 검사, 변호사, 피고인이 앉아서 재판하는 구도가 오래 전부터 당연히 주어진 것처럼 생각될지 몰라도, 자세히 들여다보면 재판도 오랜 세월에 걸쳐서 발전해왔고 지금도 한창 발전하고 있다. 특히 형사법제도에는 민주주의 발전의 역사가 고스란히 수놓아져 있다.

옛날의 재판을 생각해보자. 옛날에는 주권이 왕에게 있었다. 당연히 형벌권도 왕에게 있었다. 법도 왕이 만들었다. 왕이 곧 국가고, 법이었다. 왕이 일일이 모든 사람에게 벌을 줄 수 없으니 왕이 권한을 부여한 귀족이나 관리가 대신 벌을 주는 것이 재판이었다. 이들은 법과 원칙이 아니라 왕의 심중을 추단해서 그것을 기준으로 벌을 주었다.

현대의 배심제도도 민주주의에 충실한 것처럼 보이지만 사실은 오래 전부터 왕권을 충실하게 뒷받침하는 역할을 해왔다.

12세기경 영국의 왕 헨리 2세는 전국 곳곳의 범죄자들을 일일이 식별해낼 수 없으니까 지역마다 배심을 두어서 범죄 혐의가 있으면 신고하도록 했다. 당시 배심은 지금의 경찰과 검사가 하는 것처럼 범죄를 직접 조사하고 혐의가 있으면 왕이 보낸 치안담당관이나 순회판사에게 이를 알려서 판단을 받았다. (미국은 아직도 이런 제도를 유지하고 있는데 이렇게 기소 여부를 결정하는 배심을 대배심(Grand Jury)이라고 한다.)

귀족들이 법을 만들기 시작했다. 1215년 영국 귀족들이 왕에게 마그나카르타(Magna Carta, 대헌장)에 서명하도록 한 것이 대표적이다. 당시 마그나카르타의 핵심은 귀족들로 구성된 의회가 만든 법률에 의하지 않고서는 세금을 걷지 못하게 한 것이다. 귀족들은 일반 시민들의 지지를 얻기 위해, 자유인은 적법한 절차와 재판에 의하지 않고서는 구금, 처벌, 추방을 당하지 않는다는 조항도 마그나카르타에 넣었다. 그것이 오늘날 세계 각국의 헌법이나 세계인권선언 등에 널리 들어가 있는 적법절차원칙, 재판을 받을 권리, 죄형법정주의 등을 낳았다.

마그나카르타가 귀족이 왕의 권한을 견제한 것이라면, 부르주아가 왕과 귀족을 싸잡아 타도한 것이 프랑스혁명이다. 이때부터 법이라는 것은 왕도 아니고, 귀족도 아닌, 일반 시민이 만드는 것이라는 생각이 자리잡기 시작했다.

그 이전까지 법은 왕이나 귀족이 만드는 것이었다. 법 중의 법은 헌법이다. 헌법을 만들 수 있는 권력을 헌법제정권력이라 한다. 프랑스혁명 때 에마뉘엘 조제프 씨에예스(Emmanuel Joseph Sieyès)라는 정치가는 『제3신분이란 무엇인가』라는 책에서 헌법제정권력이 제3신분인 시민들에게 속한다고 보았다. 이로써 프랑스혁명이 법적으로도 정당성을 확보하게 된 것이다. 씨에예스는 헌법제정권력을 자연 상태에서 조직되지 않은 채로 존재하는 것들을 조직하는 권력이라고 규정하였다. '조직하는 권력'은 '조직된 권력'에 앞선다. 만드는 자는 만들어진 것에 앞서는 것이다. 국민이 헌법을 만들었고 헌법이 다시 입법권, 행정권, 사법권이라는 권력들을 만들었으므로, 국민의 뜻이 모든 권력에 앞선다는 결론이 도출된다. 따라서 헌법 제1조 제2항이 "대한민국의 주권은 국민에게 있고, 모든 권력은 국민으로부터 나온다"고 규정하고 있어서 비로소 그러한 것이 아니라, 이러한 규정이 나오기 전부터도 모든 권력은 국민으로부터 나오는 것이다.

그런데 국민의 뜻이 늘 분명한 것은 아니다. 혁명이나 개헌과 같이 결정적 순간에 하나로 뭉쳐 중요한 결단을 내리지만, 이내 곧 흩어진다. 평소에는 좀처럼 실체를 드러내지 않는다. 상황에 따라, 시간의 흐름에 따라 국민의 뜻은 시시각각 변하기도 한다. 이에 헌법은 국민의 뜻을 좀더 구체적으로 확인할 수 있는 방법을 제시해놓았다. 그것이 대의제다. 대의제는 국민이 대표를 뽑고 그 대표들이 국민의 뜻을 수렴해서 법을 만드는 제도다.

나라가 사람의 몸이라면 개개 국민의 뜻은 피와 숨이고 법질서는 뼈와 살이다. 보일까 말까 한 미세한 설탕 가루들이 엉겨붙으면서 솜사탕을 만들어내듯이 피와 숨이 부단히 결집해서 뼈대를 세우고 살집을 빚어내는 과정이 정치다.

법치주의는 국가 권력을 집행하는 데 특정인이 제멋대로 하도록 허용하는 것이 아니라 법이 정한 대로 하도록 정해둔 것을 말한다. 권력의 집행자가 법에 정해진 이상으로 권력을 행사하면 직권남용이 되고, 법에 정해진 의무를 다하지 않으면 직무유기가 된다. 판사도, 검사도 마찬가지다.

옛날에는 판사나 검사가 왕의 심중이 무엇인지를 가늠해서 재판을 했다. 그러나 요즘에는 국민이 만든 법을 중심으로 재판한다. 법이 애매하면 '입법자의 의도'가 무엇인지를 놓고 따져서 재판한다. 민주주의가 법치주의와 결합됨으로써 국민이 국민을 재판하게 된 것이다. 호모파베르인 인간이 민주주의라는 최첨단 발명품을 만들면서, 그 내부에 반도체 회로처럼 심어놓은 것이 바로 법치주의, 형사재판, 사법부 독립 같은 제도인 것이다.

## 사법부가 왜 독립되어 있느냐면

때로 이러한 시스템이 제대로 작동하지 않을 때가 있다. 정치도, 권력 행위도 사람이 하는 일이고, 사람은 언제든 부패할 수 있기 때문이다. 부패한 정치는 부당한 권력을 낳고 부당한 권력은 정의롭지 않은 법질서를 구축한다. 권력이 서로 친하게 이웃하고 있으면 나라 전체가 부패에 취약해진다. 점포들이 다닥다닥 붙은 재래시장이 화재에 취약한 것과 같다.

이러한 부패의 도미노를 막기 위해 권력 분립이란 개념이 제시되었다. 17세기에 영국의 사상가 존 로크(John Locke)가 입법권과 행정권이 분리되어야 한다고 주장한 이후 18세기에 들어서는 프랑스 사상가 몽떼스끼외(Montesquieu, Charles De)가 입법부, 행정부 외에 사법부도 분립시켜야 한다고 주장했다. 『법의 정신』이라는 책에서 그는 판사가 입법권과 결탁하면 자의적 권력이, 판사가 행정권과 결탁하면 억압적 권력이 탄생해서, 시민들의 자유가 사라진다고 경고했다.

사법부의 독립은 결국 판사 개개인이 법과 양심에 따라 재판할 수 있도록 하기 위한 것이다. 법원 내부에서도 윗사람이 개개 판사에게 이렇게 저렇게 판결하라고 압력을 가하는 것이 허용되어서는 안 되는 것이다. 그래서 판사가 판결을 할 때에는 검사가 수사를 할 때와는 달리 윗사람에게 결재를 받지 않는다.

같은 이유로 사법부에서는 '관료화'가 이루어져서는 안 된다. 관료들은 피라미드식 상명하복 체계 속에 있다. 불법이 아닌 이상 윗사람의 의중을 따르는 것이 의무가 된다. 윗사람에게 잘 보여야 승진한다. 그러나 법원에서 그런 문화가 정착되어버리면 법과 양심이 아니라 윗사람이 내 판결의 결론을 좋아할지 여부를 기준으로 판결하게 된다. 판사들 중에 인정 욕구가 강하고 착실하게 윗사람의 말을 잘 따르며 살아온 사람들이 많을 경우, 대법원장이나 그 직할 조직이 작은 신호만 주더라도 눈치 보고 알아서 따르는 판사들이 생겨나게 된다. 가령 정치적 사건을 처리할 때에도 국민의 뜻보다는 인사권자인 대법원장의 정치적 성향이나 현재의 정치적 상황을 고려해서 판결하게 되는 것이다. 그 경우 사법부가 제대로 기능할 수 없게 될 뿐만 아니라 나라 전체가 엉망이 된다.

최근 드러난 이른바 '사법부 재판 거래' 파동은 충격적이다. 과거 군사정권 시절에는 군인이 법원행정처장이 되기도 했고, 안기부나 국정원 직원이 법원에 상주하기도 하면서 외부에서 사법부 독립을 흔들려는 시도가 적지 않았다. 이번 사건은 아직 수사가 진행 중이지만 지금까지 확인된 것만으로도 법원이 조직의 목적을 달성하기 위해서 스스로 독립을 포기하고 권력에 협력하는 자세를 보였다는 점에서 매우 안타깝고 씁쓸하고 슬프다. 나는 평범한 전직 판사에 불과하지만 국민들 앞에 송

구스럽고 부끄럽다. 한때는 순진하게도 그나마 원칙대로 돌아가는 조직이 법원이라는 은근한 믿음과 자부심이 있었는데 이제는 뒤흔들린다. 아무리 처음에는 반듯했던 권력이라고 하더라도 견제와 감시를 받지 않으면 여름날 음식처럼 쉽게 부패할 수 있다는 것을 새삼 깨달았다. 내가 업무를 할 때에도 스스로를 너무 믿지 말고 되도록 주변 사람들의 감시에 노출되도록 조치하는 것이 조직은 물론 나를 위한 길이라는 생각도 하게 된다. 한 개인이든 조직이든 큰 성취를 이루기는커녕 대과 없이 살아가는 것조차 얼마나 녹록지 않은 일인지도 새삼 깨달았다. 나 자신도 흠결이 많아서 원래 세상과 사람과 나 자신에 대한 고결함의 기대치가 높지 않은 편인데 더 낮추어야 할지도 모르겠다. 이번 사태가 발생한 핵심은 권력과 떨어져서 권력을 감시해야 하는 사법부가 자신이 원하는 바를 이루기 위해 곁불을 쬐러 스스로 권력에 다가간 데 있다. 국민들이 배신감을 느낀 지점은 무엇보다도, 사법부가 겉으로는 사법부의 독립과 국민의 신뢰를 말하면서 밀실에서 은밀히 표리부동한 짓을 했다는 점 때문일 것이다. 그러나 사법부의 힘은 국민의 신뢰에서 비롯되고, 국민의 신뢰는 사법부가 권력과 거리를 둘 때, 법원칙의 준수와 소수자 보호에 충실할 때, 정치적이지 않고 투명하고 담백할 때 생겨난다는 것을 이번 일로 더더욱 절실히 느끼게 된다.

법원 안팎의 많은 사람들이, 이번 사태로 인해 법원은 다시는 국민의 신뢰를 회복할 수 없을 것이라고 비관한다. 그러나 나는 앞으로 사법부가 어떻게 하느냐에 따라 신뢰를 회복할 수 있다고 생각한다. 사실 과거에도 법원이 권위를 인정받았을지는 몰라도 진정으로 국민의 신뢰를 받았는지는 의문이다. 오히려 이번 사태를 계기로 권력과 사법부 사이에 도저히 거래라는 것이 성립할 수 없도록 스스로 그 가교를 완전히 불태우고 이를 국민 앞에 인정받으면, 그때부터 사법부에 대한 진정한 신뢰가 싹트기 시작할 것이라고 믿는다.

# 6

# 공소사실을
# 인정하십니까?

## 자백이냐 부인이냐

"피고인, 공소사실을 인정하십니까?"

검사가 공소사실을 낭독하고 나면 재판장이 묻는 질문이다. 이 질문은 재판 전체를 관통하는 가장 중요한 질문이다. 재판을 통틀어 검사나 변호사가 피고인에게 묻는 숱한 질문들도 결국에는 공소사실을 인정하는지 또는 부인하는지를 확인하기 위함이다.

피고인이 공소사실을 인정하는지의 여부에 따라서 이후의 절차가 크게 달라진다. 피고인이 공소사실을 자백하면 사실관계를 면밀하게 따져볼 필요 없이 곧바로 형량을 결정하기 위해 양형 절차에 돌입한다. 반대로 피고인이 공소사실을 부인하면 사실관계이든 법리이든 검사와 피고인 측 간에 다툼이 있는 쟁점에 대해서 하나하나 증거와 판례를 놓고 따져보아야 한다.

피고인이 부인하면 판사, 검사, 변호사 모두 일이 많아진다. 판사 입장에서는 판결문이 길고 복잡해진다. 판결 이유에서 검사와 피고인 측이 다투는 쟁점마다 판사의 입장과 이를 뒷받침하는 논리를 제시해야 한다. 유죄판결을 하든 무죄판결을 하든 마찬가지다. 그래도 보통은 유죄판결문보다 무죄판결문이 훨씬 더 길다. 이에 대해서, 무죄로 추정받는 피고인이 유죄판결을 받을 때 판결문이 더 길어야 하는 것이 아니냐는 비판이 있다. 일리가 있는 말이다. 따라서 유죄판결을 할 때에도 피고인이 다투거나 억울함을 호소하는 쟁점에 대해서는 점차 이유가 풍부하게 제시되고 있는 추세다. 그러나 무죄판결이 유죄판결보다 더 긴 것에도 나름의 합리적 이유가 있다. 유죄판결을 할 때에는 경찰과 검찰이 이미 수사해놓은 증거나 논리를 차용하거나 인용하면 되지만, 무죄판결을 할 때에는 경찰과 검찰이 수사한 내용을 일일이 반박해야 하기 때문에 분량이 더 많아지기 십상인 것이다.

피고인이 부인하면 공판검사도 바빠진다. 검사는 형사재판에서 입증책임을 일방적으로 부담하고 있기 때문에 모든 증거를 주도적으로 제시해야 한다. 증인을 법정에 데리고 나와야 하고, 미리 질문지(증인 신문 사항)를 작성해서 재판부에 제출해야 하며, 증인 신문 기일에 직접 적절한 질문과 임기응변으로 증인을 신문해야 한다.

피고인이 부인하면 변호인도 일이 많다. 경찰과 검찰이 제시한 유죄의 증거를 일일이 반박하는 증거를 찾아서 제시해야 하고, 피고인측에 유리한 판결례도 모두 조사해서 변론할 때 근거로 사용해야 한다. 변호사들의 말을 들어보면, 피고인을 위해 일할 때 가장 힘든 것은 의뢰인의 불안과 조바심을 받아줘야 하는 점이라고 한다. 유죄나 무죄를 가르는 판결, 감옥에 갈지 가지 않을지를 결정하는 판결을 앞두고 있으면 그 당사자는 얼마나 불안하고 초조하겠는가. 그래서 야밤이건, 이른 아침이건, 주말이건 시도 때도 없이 변호사에게 전화를 걸어 불안을 호소하거나, 자신의 처지에 대해 넋두리를 늘어놓거나, 지엽적인 절차에 관해 질문을 하면서 왜 이런 절차는 신청하지 않느냐, 이건 안 해도 괜찮겠느냐, 판사에게 이런 말도 해야 되는 거 아니냐, 하고 의심을 가득 담아 따지듯이 물어본다는 것이다. 그러면서 "이 일이 잘못되면 변호사님이 제 인생 다 책임지셔야 됩니다"라는 식으로 말하면 변호사로서는 처음부터 사건을 수임하지 말았어야 했나 하는 후회가 든다는 것이다. 재판이 끝나고 결과가 나쁘면 약속한 수임료를 주지 않거나 이미 준 수임료를 돌려달라고 하고, 결과가 좋으면 화장실 나올 때처럼 마음이 변해서 역시 약속한 수임료를 주지 않으려 한다는 것이다.

이러한 이유로 피고인이 공소사실을 자백하는지, 부인하는지는 판사, 검사, 변호인 모두에게 가장 기본적이고 중요한 관심사다. 사람들은 피고인이 죄가 있다고 생각하면 자백할 것이고 죄가 없다고 생각하면 부인할 것 아니겠냐고 생각하겠지만, 막상 수사기관으로부터 혐의가 있다고 의심을 받고 법정까지 불려 나오고 나면 그것이 그리 간단하지 않다. 솔직하게 말한다고 해서 판사가 자기 말을 믿고 사정을 이해해준다는 보장도 없고, 솔직한 것이 결과적으로 반드시 자기에게 유리하지 않을 때도 있다. 그래서 잘못이 있어도 자백하지 못하는 때가 있는가 하면 억울해도 자백할 수밖에 없는 때가 있다.

## 오해의 선물

초등학생 때 교과서에서 읽은 글 중에 폴 빌라드(Paul Villiard)의 단편소설 「이해의 선물」이 있다. 어느 아이가 위그든씨의 사탕 가게에 가서 먹고 싶은 사탕을 고른 다음에 돈 대신 버찌씨를 내어놓았는데 위그든씨가 면박을 주지 않고 사탕을 내어주었다. 훗날 그 아이가 커서 관상용 어류 가게를 하고 있는데 아이들이 와서 삼십 달러어치는 될 만큼 많은 물고기들을 고르고는 고작 이십 센트를 내어놓았다. 그러자 그는 어릴 적 자신을 이해해주었던 위그든씨를 떠올리면서 아이들에게 물고기를 주는 것은 물론이고 잔돈까지 거슬러주었다는 내용이다.

그러나 내가 어릴 적 체험한 현실은 그 소설과는 사뭇 달랐다. 초등학생 때 자주 가던 집 근처 슈퍼가 있었다. 그곳에서 과자를 너무 오랫동안 고른 나머지 돈 치르는 것을 깜빡 잊고 과자만 들고 주인이 앉아 있는 카운터 앞을 보란 듯이 지나쳐 밖으로 나간 적이 있다. 그러자 주인이 나를 큰 소리로 불러 세우고는 화난 표정으로 "야, 너 왜 돈을 안 내고 그냥 가? 너 도둑놈이야?"라고 소리쳤다. 당황한 나는 아무 말도 못한 채 그냥 돈만 내고 나왔다. 깜빡 잊었다는 말을 해보았자 주인이 믿어주지 않을 것 같았고, 그러면 도둑놈에 더해 거짓말쟁이라는 누명까지 뒤집어쓸 것 같았다.

집으로 돌아오고 나서야 내가 아무런 말없이 돈만 넘으로써 도둑놈임을 자백한 셈이 되었다는 것을 깨닫고 억울해서 밤잠을 설쳤다. 나중에라도 솔직하게 해명을 하고 싶었지만 그래봤자 뒤늦게 지어낸 말이라고 의심할 것 같았다. 그뒤로 다시는 그 슈퍼에 가지 못했다. '오해의 선물'이었다.

그리고 보니 고등학생 때 받은 '오해의 선물'도 기억난다. 어느날 저녁식사 시간에 서점에 나왔다가 시간 가는 줄 모르고 과학잡지를 뒤적거렸다. 문득 시계를 보니 생각보다 너무 많은 시간이 흘러 있었고, 나는 급하게 과학잡지를 놓고 후다닥 서점을 뛰쳐나가서 달리기 시작했다. 그런데 등 뒤에서 서점 주인이 헐레벌떡 나를 잡으려고 달려오는 것이었다. 내가 멈추어 서니 나의 주머니와 옷을 마구 뒤지기 시작했다. 그때도 상황 파악이 안 되어서 그저 멍하니 당하고만 있었는데 서점 주인이 가버리고 나니 기분이 매우 나빠졌다. 그 서점에 다시는 가지 않았고 과학잡지도 다시 보지 않게 되었다. 그 '오해의 선물'이 아니었다면 과학을 가장 좋아했던 나는 이공계로 진학해서 지금쯤 과학자가 되었을지도 모른다는 생각을 종종 한다.

성인이 되어서도 '오해의 선물'을 더러 받았다. 다른 사람들이 나를 오해할 수 있는 상황에 처했을 때, 그 당시에는 나에게 무슨 일이 일어난 것인지 상황 파악이 제대로 되지 않기도 하고 내가 그것이 오해임을 적극적으로 해명해도 상대가 믿어줄까, 오히려 거짓말쟁이로 생각하지 않을까 신경이 쓰여서 가만히 있다보니 오해가 굳어지곤 했던 것이다.


**'갑을' 관계 속에서**


하물며 피고인은 얼마나 진실을 말하기가 부담스럽겠는가. 억울한 것이 있어도 솔직하게 말하지 못하고 그냥 자백하는 경우도 적지 않다. 법률 용어들이 난무하는 법정에서 법률 전문가에 둘러싸인 채 자신의 입장을 조리 있게 말할 엄두가 나지 않아서일 수도 있고, 공소사실을 부인할 경우 재판이 길어지는데 그 자체가 고통스럽기 때문일 수도 있다. 혹은 이런저런 억울한 사정을 말하면 반성하지 않는다는 이유로 괜히 판사의 눈 밖에 날까봐 아무런 토를 달지 않고 자백하는 경우도 있다고 한다.

이중에서 가장 안타까운 때는, 괜히 부인했다가 재판을 오래 끌어서 판사를 힘들게 했다며 괘씸죄가 적용될까봐 자백했다는 말을 들을 때다. 물론 판사 입장에서는 피고인이 자백하는 사건보다 부인하는 사건이 훨씬 더 힘든 것이 사실이다. 재판 시간도 오래 걸리고, 증인들을 불러서 일일이 신문해야 하고, 나중에 판결문을 쓰는 데도 훨씬 더 오랜 시간이 걸린다. 그렇다고 해서 판사가 피고인이 자신을 고되게 한 것이 괘씸해서 벌금형에 처할 것을 징역형에 처하거나, 징역 1년에 처할 것을 징역 1년 6개월에 처한다는 것은 상상하기 어렵다. 만약 그런 판사가 있다면 그는 판사 자격이 없는 것이다.

다만 똑같은 내용의 사건이라면, 피고인이 처음부터 자백하고, 반성하고, 피해자에게 배상하고 합의해서 유죄가 되는 사건과 피고인이 줄곧 부인하다가 유죄가 되는 사건에서 피고인에게 부과되는 형량이 같을 수는 없다. 후자는 죄를 뉘우치지도 않고, 나중에 재범을 저지를 가능성이 높다고 판단할 수밖에 없기 때문이다. 그래서 형량이 달라지는 것이지, 단순히 판사에게 밉보여서 괘씸죄가 적용되어 형량이 달라지는 것은 아닐 것이다.

괘씸죄를 두려워해서 자백하는 피고인들이 안타까운 것은, 그들이 법정 밖의 사회에서도 갑을관계 속에서 숱하게 적용되는 괘씸죄에 시달렸을 것 같아서다. 무수한 '갑을' 관계의 중첩으로 이루어진 우리나라 사회구조 속에서 사람들은 '갑'일 때는 판검사가 되지만 '을'일 때는 피고인이 된다. '을'은 '갑'으로부터 억울한 면박과 수모를 받아도, 심지어 겁박이나 인신모욕을 당해도, '갑'에게 솔직하게 억울하다 말할 수 없다. 오히려 그 순간에도 자신의 상처받은 영혼이 아니라 '갑'의 심기를 더 살펴야 한다. 그렇게 굴종하면 원만하고 예의 바른 사람으로 인정받아 그 '갑' 외에도 주변의 다른 '갑'들이 주는 혜택을 계속해서 받을 수 있다. 그러나 '을'이 '갑'에게 아닌 것을 아니라고 솔직하게 말하면 '사회생활 부적응자'로 낙인찍혀 주변의 모든 '갑'들에 의해 강력하게 응징당한다. 그런 체제 속에서 수십년을 살아왔고 앞으로도 살아가야 하는 사람들이 피고인석에 섰을 때 판검사 앞에서 어찌 억울함을 다 말할 수 있겠는가.

그래서 피고인이 자백하더라도 나는 그 말을 곧이곧대로 믿지 않는다. 때로는 자백하는 피고인의 가슴 밑바닥에 일각 밑의 빙산처럼 많은 말들이 쌓여 있음을 느낀다. 그럴 때에는 "지금 심경은 어떻습니까?"라는 개방형 질문을 던져보곤 한다. 그러면 비로소 피고인이 자기가 억울했던 점을 털어놓는 경우도 있다.

이러다가 부작용이 생긴 적도 있었다. 어느 스무살 여성 피고인이 말을 잘 못하기에 긴장을 풀어주려고 "지금 심경이 어떻습니까?"라고 물었다. 그런데 그 피고인이 '심경'이라는 말이 무슨 뜻인지 못 알아들었다. 그래서 "지금 기분이 어떠냐는 뜻입니다"라고 설명해주었다. 그랬더니 피고인은 '그걸 몰라서 물어요?' 하는 눈빛으로 퉁명스럽게 "기분 나쁘죠!"라며 쏘아붙였다. 내가 조롱하는 줄 알았던 것이다. 내가 적절한 어투와 표정을 구사하지 못한 탓이다.

법정에서 주눅 들지 않고 자기 하고 싶은 말을 다 하는 피고인들도 있다. 내가 법이나 사실에 대해 어떠한 입장을 밝힌 직후에도 "재판장님, 외람되지만 제 생각은 조금 다릅니다"라는 말로 시작해서 나와 눈을 맞추고 본인이 가진 생각을 흥분하지 않고 끝까지 조곤조곤 이야기하는 사람도 있었다. 호랑이에게 잡혀가도 정신을 바짝 차려서 살아 돌아오려는 사람처럼, 궁지에 몰린 상황에서도 자기 입장을 조리 있게 밝힐 수 있는 사람을 만나면 자존감이 높아 보이고 나도 어디서건 저렇게 말할 수 있으면 좋겠다고 생각하기도 했다(물론 '조곤조곤'한 경우에 한정되는 말이다. '이판사판'은 역효과를 부른다).


## 어릴 적부터 화가가 꿈이어서요


그러나 역시 잘못이 없는데 잘못이 있다고 하는 경우보다는 잘못이 있어도 뻔뻔하게 부인하는 사람들이 더 많다. 특히 인상적이었던 것은 이혼재판에서 외도를 둘러싼 당사자의 반응이다. 증거가 명확한데도 좀처럼 외도를 시인하지 않는다. 가령 남녀가 함께 모텔에 들어가는 사진이 찍힌 경우에도, 카페가 도청이 될 수도 있어서 비밀리에 사업 논의를 하러 모텔에 갔다는 식의 변명을 늘어놓는다. 어떤 남자는 자기가 원래「무한도전」 광팬인데 남의 아내와 우연히 만나 이야기를 하고 있다가 갑자기「무한도전」을 하는 시간이 되어서 급한 대로 가까운 모텔에 들어가서 함께 텔레비전을 보았다고 변명했다. 그의 말이 예능 프로그램에나 나올 법한 말인 것 같아 나는 문득「무한도전」 멤버들이 프로그램을 마무리할 때처럼 "무한!"이라고 외치면서 그를 향해 두 손바닥을 벌리고 장풍을 쏘는 시늉을 해볼까 하는 생각이 들었다. 피고인이 "도전!"이라면서 맞받는 것을 기대하면서.

심지어 배우자가 모텔에 들이닥쳐서 바람을 피우던 남녀가 모두 벌거벗은 채로 누워 있는 사진이 찍혔는데도, 어릴 적부터 화가가 꿈이어서 누드화를 그려보려고 했을 뿐이라고 변명하는 남자도 보았다. 누드화를 그리면 보통 모델만 옷을 벗던데 왜 화가까지 옷을 벗었느냐고 물었더니 그는 나와 두 눈을 맞추고는 진지한 표정으로 모델이 부끄러워할까봐 긴장을 풀어주기 위해서였다고 설명했다.

이상은 가사재판에서 있었던 일이고, 형사재판에서는 피고인이 증거가 너무나 명확한데도 황당한 거짓말로 범행을 부인하는 경우가 상대적으로 드물다. 민사재판이나 가사재판에서는 그런 거짓말을 했다가 통하지 않아도 기껏해야 경제적으로 조금 손해 보고 말겠지만, 형사재판에서는 어설픈 거짓말을 했다가 역효과가 나서 감옥에 안 갈 일로 감옥에 갈 수도 있고 징역 1년을 받을 일로 징역 2년을 받을 수도 있기 때문이다. 그럼에도 불구하고 너무나 뻔한 거짓말을 하는 형사 피고인들도 물론 있다.

세번째 음주운전으로 기소되었던 피고인도 떠오른다. 피고인은 음주운전 사실을 전면 부인했다. 경찰에게 적발되어 주차된 차에서 나왔을 때 고주망태 상태였던 것은 맞지만 자신은 음주운전을 한 사실이 전혀 없다고 했다. 나름의 논리가 있었다. 차를 주차할 때까지는 술을 마시지 않은 상태였고, 술을 마신 뒤에는 차에서 잠만 잤지 운전을 전혀 하지 않았다는 것이었다.

문제는 그가 차를 주차한 곳이 왕복 육차로 도로의 한복판인 중앙선 바로 옆 일차로였다는 것이다. 차 안에서 발견될 당시에도 피고인은 술에 취해 고주망태가 된 채였다. 뒤에 오던 자동차 운전자들이 보다 못해 경찰에 신고한 것이었다. 그런데도 피고인은 정색을 하고 당초부터 차를 대로 한복판에다 주차해 놓았다고 우겼다.

나는 왜 주차를 주차장에 하지 않고 도로 한복판에 주차했느냐고 물었다. 그는 마땅히 주차할 곳이 잘 보이지 않고 술을 같이 마시기로 한 친구가 오래 기다리고 있어 급해서 그랬다고 대답했다. 피고인에게는 그렇게 뻔한 거짓말을 해야 하는 사정이 있었다. 그는 제법 큰 자동차 회사의 영업사원이었는데 그간 음주운전 전과가 2회나 있던 터라 음주운전을 한번만 더 하면 회사에서 해고를 당할 처지였다. 그래서 형사처벌을 모면해보려고 이리저리 궁리를 한 결과 그런 해괴한 궤변을 발명해낸 모양이었다. 그렇게 주장하면 주차위반에만 걸릴 뿐, 음주운전의 고의를 인정할 증거가 없으므로 음주운전에는 걸리지 않으리라고 계산한 것이었다.

피고인은 그날 같이 술을 마신 여성을 증인으로 세웠다. 증인은 피고인의 내연녀였다. 증인은 술을 다 마신 후에 피고인을 도로 한복판에 세워진 차에까지 데려다주고 잘 자라고 옷까지 몸에 덮어주었다고 했다.

그러나 피고인이 당시 취한 채로 운전을 했다는 정황증거는 차고 넘쳤다. 술을 마시기 전에는 길가에 제대로 주차가 되어 있었던 장면이 담긴 CCTV 화면도 있었다. 경찰에게 발견되어 음주운전으로 경찰서에서 조사를 받은 직후에도, 여전히 술에 취한 상태로 경찰서에 세워놓은 자기 차를 타고 가버렸던 사실도 있었다.

나는 피고인에게 몇차례 진실을 말할 기회를 주었으나 그는 끝내 자신은 음주운전을 하지 않았다고 우겼다. 나는 할 수 없이 피고인이 음주운전을 세차례나 반복했는데도 자신의 잘못을 전혀 반성하지 않는다는 이유로 징역 4개월의 실형을 선고했다. 그러자 그는 자신의 완벽한 법 논리가 통하지 않았다는 것을 도저히 믿을 수 없다는 듯 고개를 들어 황당한 눈빛으로 나를 빤히 쳐다보았다. 그는 경위와 교도관들에게 끌려가면서도 "판사님, 지금 실수한 겁니다. 오판을 한 것이란 말입니다"라며 고래고래 소리를 질렀다. 그러나 항소심에 가자마자 거짓말을 했다고 자백을 해서 풀려났다. 그 결과 자신을 돕기 위해 위증을 했던 내연녀는 위증죄로 기소되어 처벌받았고 외도 사실도 가족들에게 알려져서 곤경에 처했다.

어느 큰 회사의 회장이던 피고인이 폭력 행위로 기소되었을 때 했던 변명도 떠오른다. 자신에게 충성하지 않는다는 이유로 술자리에서 예순이 넘은 피해자를 무릎을 꿇리고 마시고 있던 맥주잔을 얼굴에 던져서 피해자의 코뼈가 부러졌다. 피고인은 공소사실을 부인했다. 자신은 원래 맥주를 빠르게 마시는데 너무 빠르게 마시다보니 맥주잔이 손에서 쑥 빠져서 피해자의 얼굴로 날아갔다는 것이었다.

조직폭력배처럼 피해자의 무릎을 꿇리고 유리잔을 얼굴에 던져서 뼈를 부러뜨린 것만 해도 죄질이 나쁘다고 판단하고 있던 차였다. 그런데 그렇게까지 터무니없는 거짓말을 하는 것은 자신의 잘못을 반성하지 않는 것이고 재범의 가능성도 높은 것이라고 볼 수 있어서 실형에 처할 것도 검토하였다.

나는 피고인에게 진지한 표정으로 방금 한 그 주장을 진지하게 하는 것인지, 그래서 공소사실을 부인하는 것인지 되물었다. 그러자 피고인과 변호인이 그런 거짓말이 통하지 않겠다는 낌새를 느끼고는 공소사실을 모두 인정하고 반성하는 쪽으로 입장을 바꾸었다. 결정적으로, 자발적인 것인지 마지못해서 했는지는 몰라도 피해자가 피고인과 합의를 하고 처벌을 원치 않는다는 취지를 담은 합의서를 제출했다. 피고인이 초범인 데다가 나이가 일흔을 넘긴 점, 자백을 하고 있는 점을 고려하면 통상의 양형 기준에 비추어볼 때 실형을 선고하는 것은 무리였다. 징역형에 집행유예를 선고하면서, 일반적인 경우보다 많은 시간의 사회봉사 명령을 부과하였다.

판사가 되어 형사재판을 처음 맡았을 무렵에는 자백하는 사람보다 부인하는 사람이 훨씬 나쁘다고 생각했다. 심지어 양심이 없고 파렴치하고 뻔뻔하므로 훨씬 더 엄한 벌을 받아야 한다고만 생각했다. 그러나 재판을 할수록 그것이 그리 간단하게 구분할 수 있는 문제가 아니라는 것을 알게 되었다. 잘못이 있어도 인정할 수 없는, 판사에게나 남들에게 차마 말할 수 없는 사정들이 있을 수 있다. 기본적으로 누구에게나 자신의 잘못을, 자신의 수치스러운 부분을 자신의 입으로 인정하는 것은 쉬운 일이 아니다. 성(性)적 문제는 남들 앞에서 말하는 것 자체로 수치심을 자극할 수도 있고 배우자나 자식들에 대한 미안함과 부끄러움이 다발적으로 작동할 수도 있다.

지금도 나는 피해자의 감정을 고려해서라도 같은 죄라면 자백하는 사람보다 부인하는 사람을 더 무겁게 처벌할 수밖에 없다고 생각한다. 그러나 그 경우에도 죄를 부인한 것만 두고 무조건 그 사람을 파렴치하다거나 양심이 없다고까지 생각하지는 않으려고 한다. 잘못을 인정하라고 추궁하지도 않는다. 되도록 스스로 수치심을 극복하고 죄를 인정할 수 있을 정도로 마음의 준비가 완료될 때까지 기다린다. 피고인이 잘못을 시인하지 않는다고 해서 유죄판결을 못하는 것도 아니다. 판사나 수사기관이 당사자를 위력으로 제압하고 다그쳐서 억지로 자백을 받는 것은 조개의 껍데기를 칼을 써서 억지로 열어젖히는 것처럼 무리한 일이다. 피고인이나 당사자에게 지나친 정신적 충격을 가해서 인간의 존엄을 훼손할 수도 있는 일이다.


## 참 도덕주의적인 사회

우리 사회는 지나치게 '도덕주의적'이다. 모든 사람을 '좋은 사람'과 '나쁜 놈'으로 구별하려 든다. 정치인의 인기도 그가 제시하는 비전이나 정책보다는 얼마나 '좋은 사람'인지, '나쁜 놈'인지에 따라 좌우된다. 보수와 진보도 서로를 부패했다거나 위선적이라며 공격하는데, 결국 이것도 상대를 도덕적인 기준으로 평가하는 것이다. 국가들 사이의 외교 관계에서도 도덕의 관점에서 좋은 나라, 나쁜 나라로 구분한다. 태생적으로 이윤 추구가 목적인 기업도 착한 기업과 나쁜 기업으로 가른다. 가게도 착한 가게, 나쁜 가게로 나눈다. 싼 가격도 '착한 가격'이라 한다. 한 나라의 관련 분야 전체를 책임져야 하는 장관을 뽑을 때도 능력보다 도덕성을 더 중시하는 편이다. 심지어 개그맨도 얼마나 웃긴지보다는 얼마나 반듯하고 선행을 많이 하는지에 따라서 좋은 개그맨 또는 '개념 있는 개그맨'으로 판정된다.

우리 사회가 그렇게 도덕을 따지면서도 막상 다른 사회에 비해서 더 도덕적인지는 잘 모르겠다. 우리 사회가 도덕을 꺼내어드는 것은 훌륭한 사람을 찾기 위함이 아니라 주로 '나쁜 놈'을 지목하기 위해서다. 좋은 사람으로 알려진 사람이 알고 보니 도덕적으로 나쁜 행동을 한 것이 알려지면 수많은 사람들이 마치 자신들은 하늘을 우러러 한점 부끄럼 없이 살아온 사람처럼 공분한다.

도덕의 기준도 일관성이 없다. 어느 때에는 유교 사회에서 통용되는 충효, 의리, 정(情)을 강조하는 집단주의적 도덕의 잣대를 들이대어 '배신자'를 가장 나쁜 사람으로 몰아세우다가도, 어느 때에는 부패한 집단 속에서 홀로 독야청청하지 못했다면서 비난의 포격을 가한다. 가까운 사람이 자신의 부당한 청탁을 들어주지 않으면 '출세하더니 변한 나쁜 놈'이 되고, 모르는 사람이 누군가의 청탁을 들어주면 '부패한 나쁜 놈'이 된다.

사람들이 말하는 '좋다' '나쁘다'의 기준은, 겉으로는 도덕을 내세우지만 사실은 '이익'이다. 자신에게 이익이나 기쁨을 가져다주는 사람은 '좋은 사람'이고, 자신에게 손해나 불쾌감을 가져다주는 사람은 '나쁜 놈'이다. 도덕주의적인 척하지만 사실은 이해타산적이다. 그 위선 때문에 우리 사회에서 '좋은 사람'은 진정한 존경을 받지 못하고 '나쁜 사람'은 억울해서 피눈물을 흘리게 되는 것이다.

도덕주의는 나와 다른 사람을 '나쁜 놈'으로 손가락질하도록 유혹한다. 그렇지 않으면 자기가 '나쁜 놈'이 되기 때문이다. 도덕주의는 다양한 행위들을 인정하는 것이 아니라 어느 행위가 어느 행위보다 더 도덕적인지를 끊임없이 비교하고 판단하게 만든다. 덜 도덕적인 행위를 하는 것으로 판정받는 사람은 힘들어지고, 서로 자기가 더 도덕적으로 우월하다고 주장하기 위해서 답이 없는 소모적인 논쟁을 수시로 벌인다. 그 결과 '꼰대'와 '오지라퍼(오지랖 넓은 이를 칭하는 은어)'가 넘쳐나게 되고 '나쁜 놈'을 잡는 마녀사냥이 버젓이 벌어져도 누구도 제지하지 않는다. 제지하면 같이 '나쁜 놈'으로 몰리기 때문이다.

도덕주의는 사회의 통합도, 대화와 타협이라는 민주주의의 핵심 기술도 방해한다. '나쁜 놈'과 공존하고 화해하거나, '나쁜 놈'과 대화하고 타협하면 자기도 덩달아 '나쁜 놈'이 되기 때문이다.

법정에서도 당사자들이 법리 공방 이상으로 서로 상대방을 나쁜 사람으로 몰아세우는 데 주력하는 경우가 많다. 이혼재판에서는 말할 것도 없다. 원고와 피고가 상대방을 자신보다 더 나쁜 사람으로 만들기 위해서 경쟁적으로 서로를 비난한다. 그래서 나는 종종 그런 재판이 끝날 무렵에 "법정에서 많은 비난이 오갔지만 저는 두분 중 누구도 나쁜 사람이라고 생각하지 않습니다. 그저 서로 잘 안 맞았을 뿐이라고 생각합니다"라는 말을 하거나 편지를 쓰거나 했다. 재판 결과가 반드시 '착한 사람'과 '나쁜 사람'을 판정해주는 것도 아니다. 나쁜 사람도 얼마든지 무죄판결을 (증거가 충분하지 않아서) 받을 수 있다. '무죄'는 죄가 없다는 것이 아니라 유죄인 증거가 없다는 것뿐이다. '착한 사람'으로 판정한 것은 더더욱 아니다. 반대로 착한 사람도 유죄판결을 받을 수 있다.

우리 사회 전반에 도덕주의가 강하게 깔려 있다보니 판사들 사이에서도 재판 당사자를 두고 "나쁜 사람이다" "나쁜 사람은 아니다"라는 말을 자주 한다. 나쁜 사람이면 형량이 높아지는 것은 물론이다. 이것이 이른바 '국민들의 법 감정'에 맞는 것일지도 모른다.

그러나 나는 판사가 위법과 적법을 판단하는 사람이지 도덕성을 판단하는 사람은 아니라고 믿는다. 도덕적 판단은 각자의 마음속 판사가 할 일이라고 생각한다. 내 마음속에도 작은 법정이 있다. 그곳에서 나는 대개 피고인석에 앉아 있다. 내 삶을 두고 악이라고 몰아세우는 검사와 선이라고 변호하는 변호사가 격론을 벌인다. 내 마음속 판사는 날마다 내게 묻는다. "공소사실을 인정합니까"라고. 그때마다 나는 피고인석에 앉아서 대답을 찾느라 힘겨워한다. 법정의 햄릿이 된다. "자백이냐 부인이냐, 그것이 문제로다"라면서. 몸과 정신이 연약하고 늘 변할 수밖에 없는 인간이라는 존재에게 도덕적 일관성을 요구한다는 것 자체가 비도덕적인 것 아닌가 투덜거리면서.

그러면서도 언젠가는 피고인석을 걷어차고 마음속 법정에서 판사의 자리를 꿰차는 날을 꿈꾼다. 나 스스로 나의 모든 행위의 준칙을 자신 있게 설정하고, 나 스스로 나의 행위의 가치와 당부를 판단하는 마음속의 판사가 되기를 꿈꾼다. 아니, 법정이라는 판단의 공간 자체를 걷어치우고 궁극의 자유로움을 얻기를 꿈꾼다.

# 7

# 구속영장,
# 발부와
# 기각 사이

## 슬기롭지 않은 감방 생활

「슬기로운 감빵생활」이라는 드라마를 참 재미있게 보았다. 감옥 생활을 소재로 한 드라마가 많지 않아서 소재의 참신함이 돋보였고 재미와 감동이 적절하게 조화되어 있었다. 다양한 등장인물 중, 비록 꼼수를 많이 사용하기는 하지만 매사를 능청스럽고도 낙천적으로 헤쳐나가던 혀 짧은 '문래동 카이스트' 가 나는 제일 좋았다. 야구선수 김재혁을 앞세워서 교도소 내 족구 대회 우승을 차지하려고 일을 꾸미다가 김재혁이 하필 그 모든 운동들 중에서 족구만 젬병이어서 초반에 나가떨어지자, "김떤뚜, 남자는 독꾸 아닌가, 독꾸?"라고 하던 장면에서는 배꼽을 잡고 뒹굴었다.

감옥에 갇힌 처지라는 동질감에서 비롯되는 이해와 교감과 '브로맨스(남성 간의 친밀하고 깊은 우정을 이르는 신조어)'라든지, 엄혹한 감옥 생활 중에 소소한 이벤트를 벌이는 일화들도 훈훈하고 즐거웠다. 물론 현실이 아닌 드라마라서 웃고 재미있어할 수 있었던 것이다. 현실에서는 감옥에 가족이나 가까운 지인이 갇혀 있다면 그를 보고 웃음이 나올 리 만무할 것이다.

실제로 그 무렵 나는 구속 수감된 지인의 면회를 갔다. 피의자나 피고인을 숱하게 구속했으면서도 구치소에 지인을 면회하러 간 것은 처음이었다.

구치소 민원실 앞에서 지인의 모친을 만났다. 모친은 두 손을 모으고 허리를 숙여 인사를 하셨고 나는 위로의 말을 찾지 못해 말없이 허리를 더욱 숙여 인사할 뿐이었다. 자식이 옥중에 있는 와중에도 웃는 낯으로 예를 갖춰 맞아주시니 품위가 느껴지면서도 그만큼 더 안타까웠다.

민원실 안으로 들어가니 얼굴에 근심이 서린 사람들이 접견 신청서를 써들고 창구 앞 직원들에게 제출하고 있었다. 직원은 나에게 기자가 아닌지를 거듭 확인하고는 면회 번호를 내줬다. 더 깊숙한 곳에 있는 대기실로 들어가니 대형 병원의 로비 같은 풍경이 펼쳐졌다. 일렬로 놓인 긴 의자들 앞에 대형 모니터가 놓여 있었고 모니터 화면에는 면회실 번호 밑에 면회자 번호가 시간대별로 나와 있었다.

면회 시간이 되자 소지품 검사 후 면회실이 있는 건물로 들어갔다. 면회실은 영화에서 보던 것보다 훨씬 좁은, 고시원 방만 한 공간이었다. 철창 쳐진 유리벽 너머로 수염이 까끌까끌하게 자라난 지인이 가슴에 커다란 숫자가 적힌 옥색 수의를 입고 앉아 있었다. 그 옆에는 제복을 입은 교도관이 작은 책상 앞에 앉아 사무적인 표정으로 우리의 대화를 메모하고 있었다.

주어진 시간은 단 십분. 유리벽 아래의 정사각형 전자시계가 10, 9, 8, 7… 분 단위로 숫자를 줄여가며 시간을 재촉했다. 그 때문인지 그의 말은 평소보다 빨랐고 말이 느린 나도 스피드 퀴즈를 하듯 말을 서두르게 됐다. 유리벽이 두터워서 서로의 목소리가 마이크와 스피커를 통해서만 전해졌다. 지인은 갓 초등학생이 된 딸에게는 아버지가 인터넷이 되지 않는 먼 나라에 출장 갔다고 둘러댔다고 했다. 그가 멋쩍게 웃으면서 구치소 안에서 달리기를 하면 눈을 감고 예전에 가족과 함께 갔던 스위스라고 상상한다고 말했을 때에는 눈물이 핑 돌았다.

나와 지인은 종종 함께 식사를 하던 사이였다. 그때는 면회실보다 훨씬 넓은 식당에서 마이크 없이 편안하게 많은 이야기를 나누었었다. 그런데 이제는 식당보다 훨씬 좁은 공간에서 창살로, 유리벽으로, 수의로, 감시하는 교도관으로, 십분의 시간으로, 재촉하는 전자시계로, 마이크와 스피커로 서로 격리되

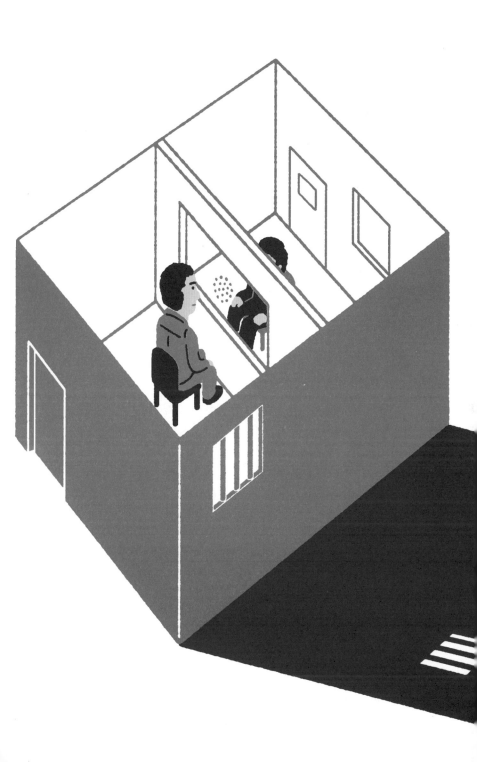

어 있는 것이었다.

이 모든 상황이 믿기지 않았다. 드라마에서 보던 것과는 달랐다. 그는 유복한 집안에서 자라 번듯한 직업을 가지고 있던 사람이었는데 하루아침에 직장도, 가족도, 안정된 미래도 잃고 수의를 입은 채 감옥에 갇힌 것이었다. 평소에도 불의와 불법과 위선을 혐오하던 사람이었다. 이 사건에서도 본인의 결백을 주장하면서 억울하고 당혹스러워했다. 온화한 표정으로 아들 말을 듣고만 있던 그의 어머니는 면회실에서 나오자마자 손수건으로 눈물을 훔쳤다. 지인의 아버지는 오늘 아침에 식사를 하다가도 눈물을 흘렸다고 했다. 아버지는 오고 싶어도 주중에 면회한 사람은 주말에 못 오기에 주말까지 기다린다고 하셨다.

구치소에서 돌아온 뒤에도 마음이 종일 무거웠다. 판사로 재직하는 동안 구속영장에 서명할 때에는 구속의 무거움을 이 정도로 가늠하지 못했다. 판사가 되기 전부터 판검사는 구속 과정을 실제로 체험해볼 필요가 있다는 생각을 갖고는 있었지만 나 혼자 실행할 수 있는 일은 아니었다.

물론 그동안에도 구속을 가볍게 여겼던 것은 아니다. 구속이 피의자에게 큰 타격을 주므로 영장 발부를 신중하게 해야 한다는 말을 귀가 따갑도록 들었다. 구속되면 구속 기간에 직장을 다닐 수 없는 것은 당연하고 석방된 이후에도 복직이 요원해진다. 사업을 하고 있다면 부도가 나기 십상이다. 피구속자의 어린아이들이나 봉양하던 노부모도 한순간에 보호받지 못하는 상태에 처한다. 주변 사람들에게 범죄자로 낙인찍혀 사회적 명예와 평판도 실추된다. 자유롭게 지내다가 좁은 공간에 갇혀 통제된 생활을 하게 되면 그 자체로 엄청난 스트레스에 시달린다. 나중에 풀려나더라도 트라우마가 평생 간다. 수사받던 사람들 중에 극단적 선택을 하는 사람이 적지 않은 것도 구속이 주는 고통이 큰 몫을 차지할 것이다.

이런 것들을 진작부터 머릿속으로는 알고 있었으나 막상 지인이 구속되는 것을 보니 구속의 무거움이 온몸에 느껴졌다. 이처럼 인권을 크게 제한함에도 불구하고 구속을 허용하는 것은, 수사와 재판을 위한 최소한의 필요 때문이다. 수사는 범죄 혐의를 조사하고, 범인의 신병을 확보하고, 증거를 수집하는 활동인데, 수사 도중에 범인이 도망을 가버리거나 증거를 인멸해버리면 수사를 제대로 할 수가 없다. 신병이 제대로 확보되지 않으면 나중에 재판이 열리더라도 범인이 법정에 출석하지 않을 가능성이 높다. 피고인이 법정에 나오지 않으면 재판을 할 수가 없다. 그래서 법은 불구속수사를 원칙으로 하되 일정한 요건이 성립되면 피의자의 구속을 허용하는 것이다.

문제는 재판이 열리기도 전에 구속이 집행된다는 데 있다. 재판이 다 끝나고 유죄판결이 내려진 뒤에 형을 집행해도 오판으로 인해 억울한 사람들이 나오는데 재판을 하지도 않은 상태에서 구속하면 억울한 사람이 얼마나 더 많이 나오겠는가.

이러한 구속의 부작용을 최대한 줄여보기 위해서 법은 크게 두가지 장치를 두고 있다. 하나는 '영장주의'고 다른 하나는 '불구속수사의 원칙'이다.

영장주의는 법관이 발부한 영장이 있을 때에만 구속, 체포 등을 허용하는 제도를 말한다. 우리 헌법은 체포, 구속, 압수수색을 할 때에는 법관이 발부한 영장을 제시해야 한다고 규정하고 있다. 형벌과 구속의 권한이라는 무시무시한 칼을 쥐고 있는 수사기관이 스스로 그 권한 행사를 절제할 것이라 기대하기는 어렵다. 수사기관에 종사하는 사람들이 특별히 악하고 못 미더워서가 아니라 그것이 사람과 조직의 본래적 성향이기 때문이다.

칼을 휘두르는 사람이 항상 냉정하기도 어렵고, 일단 칼집에서 칼을 빼들고 나면 아무것도 자르지 않고 다시 칼집에 꽂는 것도 민망해지며, 그러다보면 무리해서 칼을 휘두르게 될 때가 있기 마련이다. 그러므로 칼을 빼든 다음에도 칼을 휘둘러도 되는지를 판사에게 물어보게 한 것이다.

검사들로부터, 경찰이 신청한 구속영장은 몰라도 검사가 직접 수사해서 청구하는 구속영장만큼은 되도록 기각하지 말아달라는 말을 더러 듣기도 했다. 그러나 앞에서 설명한 영장주의의 취지를 생각해보면, 오히려 검사가 직접 수사하면서 청구한 영장을 더 냉정하게 살펴보아야 한다고 생각한다.


## 어떻게 하면 구속이 될까


형사소송법은 불구속수사를 원칙으로 하면서 다음의 경우에만 예외적으로 구속할 수 있도록 규정하고 있다. 첫째는 피고인이 죄를 범했다고 의심할 만한 상당한 이유가 있을 때이고, 둘째는 주거 부정, 증거인멸 우려, 도망 우려 중 하나 이상에 해당될 때다(둘째 요건을 판단할 때에는 범죄의 중대성, 재범의 위험성, 피해자나 중요참고인을 위해할 우려 등을 고려해야 한다).

이중 첫째 요건에서 요구하는 "죄를 범했다고 의심할 만한 상당한 이유가 있을 때"는 형사재판에서 유죄판결을 위해 통상 요구되는 입증의 정도인 "합리적 의심의 여지가 없을 정도"와는 상당한 차이가 있다. 전자와 후자 모두 '의심'이라는 용어를 사용하고 있지만 그 의미는 정반대다. 전자의 '의심'은 죄를 범했다는 의심이고, 후자의 '의심'은 피고인이 죄를 범하지 않았을 수 있다는 의심이다.

실무상으로는 구속의 첫째 요건이 충족되었을 때 흔히 '범죄가 소명된다'고 하고, 충족되지 못했을 때 '소명이 부족하다' 고도 한다. 통상 법률 실무에서 '소명'은 피고인이 범죄를 저지르지 않았을 수 있다는 합리적 의심의 여지가 없을 정도로 '입증'된 경우보다는 낮은 정도의 증명을 말한다. 아직 재판이 열리지도 않았고, 수사가 완료되지도 않은 시점에서 형사재판에서 요구되는 '입증'을 요구하는 것은 무리이기 때문이다.

범죄의 소명이 있다고 해서 무조건 영장이 발부되는 것은 아니다. 그 경우에도 주거 부정, 증거인멸 우려, 도망 우려 중 하나 이상의 요건을 충족해야 한다. 이 요건들 중에서도 핵심인 증거인멸이나 도망의 우려를 판단하는 데에는 판사 개개인의 주관이 대폭 개입될 수밖에 없다. 요건 자체가 '우려'다. 엄격히 따지자면 '우려'가 없는 사건이 어디 있겠는가. 그렇다고 해서 '우려'를 쉽게 인정하면 불구속수사의 원칙이 허물어진다.

우려의 대상이라는 것도 죄다 미래의 일이다. 어떤 피의자가 증거를 인멸할지, 도망갈지를 예측하는 것은 어찌 보면 점술사가 하는 일과 닮았다. 장발장이 빵을 훔쳤는지를 판단하는 것과 앞으로 훔칠 것인지를 판단하는 것은 천지 차이다. 피의자 본인도 자신이 앞으로 증거를 인멸할지, 도망갈지 마음의 갈피를 못 잡는 경우가 허다한데 판사가 어떻게 정확히 예측할 수 있겠는가. 그러니 판사마다 판단 차이가 크다. 검찰이 법원의 영장 발부 기준이 자의적이라고 비판하는 것도 일리가 있다.

마찬가지의 이유로 경찰도 검찰의 영장 청구 기준이 자의적이라고 비판한다.

그래서 법원이나 검찰은 실무상 어떤 사정이 있으면 구속사유가 있다고 보는 판단의 관행을 형성하기도 한다. 가령 피의자가 범죄혐의를 다투고 있으면 증거인멸의 우려가 있다고 보거나 문제된 죄의 법정형이 높으면 피의자의 도망 우려가 높다고 보는 것이 대표적이다.

그러나 이런 원칙을 기계적으로 적용하면 안 된다. 범죄혐의를 적법하고 정당하게, 논리적으로 다투면서도 증거를 인멸하지 않을 사람도 상당히 많다. 피의자로서는 억울한 범죄혐의를 벗어나려면 여기저기 다니면서 법률 조언도 얻고 알리바이를 내세울 증거도 나름대로 수집해야 한다. 가해자가 피해자와 합의를 시도하는 것도 "합의를 종용"했다면서 부당하다거나 불법적으로 볼 일은 아니다. 가해자의 합의 시도를 기다리고 있는 피해자들도 많다.

피의자가 자신을 방어하기 위해 시도하는 이런 정당하고 적법한 일들을 모두 증거인멸 시도라고 보고 구속하면 피의자가 억울함을 풀 수 있는 길이 요원해진다. 피고인 본인이 구속되어 있으면 변호사가 제아무리 뛰어나다 해도 제대로 방어하기 힘들다. 범행 관련 장소에 가서 기억을 환기해보고 자신의 알리바이를 입증하기 위해 누구를 찾아가야 하는지 등을 떠올릴 수 있는 사람은 오로지 피의자뿐이다. 아무리 성의 있는 변호사라도 본인 일처럼, 가족의 일처럼 적극적으로 나서기를 기대하기는 어렵다.

무엇보다도 부인하는 피의자의 자백을 받아내기 위해서, 피의자의 진을 빼놓기 위해서, 방어를 할 수 없게 만들기 위해서 구속하는 것은 절대 해서는 안 되는 일이다. 현재 수사기관의 구속이 이러한 목적으로 이루어지고 있다면서 이를 '인질사법'이라고 비판하는 변호사들이나 학자들이 상당히 많다. 아직도 실무에서는 일부 검사, 수사관, 경찰이 "부인하면 구속한다"는 식으로 피의자를 압박하는 경우가 적지 않다고 하는데, 그것은 매우 부적절한 일이다.

판사가 영장 발부 여부를 판단할 때 피의자 개개인의 사정과 특수성을 고려하다보면 불공평한 결과가 초래될 수 있는 것은 사실이다. 그렇다고 해서 기계적, 획일적으로 원칙을 적용하게 되면 판사가 영장 실질심사를 할 필요가 없다. 1990년대 중반 이전에는 판사가 구속영장 실질심사 없이, 다시 말해서 피의자 개인을 만나지 않고 검사가 제출한 서류만 보고 구속 여부를 결정했다. 피의자 입장에서도 판사에게 말 한마디 해보지 못하고 구속되었다.

이러한 과거의 제도하에서는 수사기관이 피의자의 구속 필요성을 뒷받침하는 사정만 수사기록에 남겨서 영장을 청구하면 피의자가 구속되지 않을 도리가 없었다. 구속되는 피의자의 비율이 지금보다 훨씬 높았고 그래서 석방율도 높았다. 그 과정에서 석방에 관여하고 성공 보수를 받는 변호사들의 수입이 엄청 났다. 이런 문제들에 대한 비판으로 영장 실질심사 제도를 도입한 것인 만큼 피의자 개개인에 대한 사정을 충분히 고려하는 것이 마땅하다. 무엇보다도 법과 재판의 존재 의의는 우리 사회가 사람을 함부로 '간주'하지 않는 데 있다.

## 그때 좀더 잘할걸

판사를 그만두고 나와서 '그때 좀더 잘할걸' 하고 후회하는 것들이 있는데, 그중 하나가 구속영장 발부를 조금 더 엄격하게 했어야 했다는 것이다. 피의자나 피고인을 구속하는 이유는 도망을 가거나 증거를 인멸하지 못하게 하기 위해서다. 그러나 불구속재판을 받던 대다수 피고인들을 돌이켜보면, 구속을 하지 않아도 도망을 가거나 증거를 인멸하는 경우는 드물었다. 아예 없지는 않았지만 그 비율을 따져보면 미미한 수준이었다.

구속영장을 이야기할 때마다 작은 소도시 법원에서 처음 영장 업무와 형사단독재판을 겸해서 하던 시절에 만난 어느 할아버지 피고인이 생각나곤 한다. 그는 피해자들 말로 '성격이 괴팍한 노인네'라서 자기 집 앞을 지나가는 학생들이 시끄럽게 떠들면 부지깽이 같은 것을 들고 나와서 쫓아내곤 했다. 그러다 어느날에는 항의하는 학생들과 시비가 붙었는데 그 피고인이 못 참고 부지깽이를 휘둘렀다가 학부형들에게 고소를 당해서 결국 징역형에 집행유예를 받게 되었다. 그는 처벌을 받고도 일년 뒤에 똑같은 범행을 저지르는 바람에 꼼짝없이 실형이 예상되는 상황에 놓이게 되었다.

명백히 실형이 예상되는 경우에는 증거인멸이나 도망 우려의 가능성이 더 높다고 판단되어 구속영장이 발부될 확률이 높아진다. 판사 입장에서도 비교적 마음이 편하다. 피고인은 어차피 실형을 받을 것이고 미결구금 기간(재판이 확정되기 전에 구속되어 있는 기간)은 형기에 모두 산입되기 때문에 피고인에게 손해가 없다고 보기 때문이다. 가령 피고인이 징역 2년을 선고받을 사안에 대해 1년간 재판이 진행된다고 하면, 1년간 불구속으로 재판을 받으면서 정신적 고통을 겪은 뒤에 재판이 끝난 시점부터 다시 2년 동안 징역형을 사는 것보다는 처음부터 구속 상태에서 1년간 재판을 받은 다음에 나머지 1년만 징역형을 사는 것을 피고인이 선호할 것이라고 보는 것이다.

나도 같은 이유로 그 피고인에 대한 기록을 처음 보았을 때 특별한 사정이 없으면 구속영장을 발부할 생각이었다. 그런데 그 할아버지 피고인은 몇달만 시간을 달라고 했다. 이유는 두가지였다. 하나는 혼자 키우고 있는 손녀딸을 맡길 사람을 찾아야 하고, 다른 하나는 다니고 있는 노인대학 졸업장을 받고 싶다는 것이었다. 그날은 마침 뒤에 사건이 더 없어서 피고인의 이야기를 제지하지 않고 죽 들어보았다.

그는 방음이 잘 안 되는 집에서 홀로 서너살배기 손녀를 키우고 있었는데, 밤에 손녀를 업고 얼러서 힘들게 재워놓으면 인근 학원에서 나온 학생들이 시끄럽게 떠들어서 번번이 손녀를 깨워버리니 화가 치밀어오른 것이었다. 손녀의 부모는 손녀를 낳은 직후 이혼하고 손녀를 보러 오지도 않아서 가뜩이나 몸과 마음이 힘든 상태였다. 사건 기록에는 없던 이야기였다. 또 한가지 그가 강조했던 것은 자신이 노인대학을 다니고 있는 중이라는 것이었다. 초등학교도 졸업하지 못해서 가방끈이 짧은 것에 한이 맺혔는데 두어달만 더 학교를 다니면 노인대학 졸업장이 나오니 그것을 꼭 받고 싶다고 했다.

나는 이례적이라는 것을 알면서도 구속영장을 기각했다. 피고인은 재판이 진행되는 중에 증거를 인멸하지도 않았고 도망을 가지도 않았다. 재판이 진행되는 짧은 기간 동안 자식을 집으로 데리고 와서 손녀와 다 같이 삼대가 함께 살았고 노인대학 졸업장도 받았다. 판결을 선고하는 날에 나는 징역 1년 6개월의 형을 선고하고 그를 법정에서 구속했다.

훨씬 더 큰 잘못을 저지르고도 더 경미한 처벌을 받는 사람도 많은데 이 정도 사안으로 1년 6개월이나 징역을 살게 하는 것이 나로서도 너무 야속하게 느껴졌지만 법이 징역형의 하한을 그렇게 못 박아두고 있어서 더 낮출 수 있는 방법이 없었다. 나는 안타까운 마음을 감추고 언제나처럼 딱딱한 표정으로 형을 선고했다. 뜻밖에도 그 할아버지 피고인은 구금실로 가기 전 "고맙습니다"라고 말하고는 희게 센 머리를 깊이 숙였다. 그 모습에서 '성격 괴팍한 노인네'는 찾아볼 수 없었다.

물론 이런 경우가 있었다고 불구속수사를 확대하는 것이 옳다고 할 수는 없다. 동료 판사가 폭력범죄를 저지른 피의자의 구속영장을 기각한 적이 있었다. 풀려난 피의자는 바로 그날 밤 피해자 집을 찾아가서 피해자와 가족을 모조리 살해해버렸다. 유족들은 판사를 비난했고 그 판사도 피해자 가족에 대한 죄책감으로 오랫동안 힘들어했다.

나도 구속된 피고인을 보석으로 풀어준 것을 후회한 적이 왕왕 있다. 오십대 초반의 어느 피고인은 자신을 잠깐만 풀어주면 거래처로부터 돈을 받아서 피해자에게 배상을 할 수 있으니 보석을 허가해달라고 간청했다. 피해자도 그 돈 때문에 큰 곤경에 처하게 된 상황이라 나는 보석을 허가해주었다.

그런데 피고인이 바로 다음 공판기일부터 재판에 출석하지 않았다. 아주 도망간 것은 아니고 공판기일마다 한두시간 일찍 법원에 나타나서 법정이나 직원들의 사무실 앞에 쪽지를 놓아 두고 달아나버리곤 했다. 내용은 '정말 죄송하다, 막상 구속되어보니 도저히 다시 들어갈 수는 없겠더라, 돈을 구하기 위해 최선을 다하고 있으니 제발 이해하고 용서해달라'는 취지였다. 나를 속이고 도망간 셈이라 내가 화가 났을까봐 그런 쪽지를 남긴 것인가본데, 그 쪽지를 볼 때마다 오히려 더 얄밉고 보석 허가 결정을 해준 것이 후회가 되었다.


## 구속은 처벌인가


법적으로 볼 때 구속은 처벌이 아니다. 수사와 재판 도중에 도망가거나 증거를 인멸하지 못하도록 신체의 자유를 제한시키는 조치일 뿐이다.

그러나 구속은 '사실상' 처벌이다. 사람들에게 일년간 구속된 후에 무죄판결을 받고 나갈 것인지, 구속되지 않은 채 재판을 받다가 징역형에 집행유예를 받을 것인지를 놓고 선택하라면 후자를 선택할 사람이 더 많을지 모른다.

구속된 이후에도 무죄추정이 계속된다고 하지만 명예 실추의 측면에서도 구속은 우리나라에서 '사실상' 처벌이다. 유명인에 대한 수사가 시작되면 언론과 대중은 그의 유무죄보다 구속 여부에 더 촉각을 곤두세운다. 구속영장이 청구되면 사람들은 마치 국가대표 스포츠 경기가 벌어진 것처럼 저마다 결과를 예측하고, 구속 여부가 결정되면 언론이 그 결과를 '속보'로 전한다. 구속이 되면 수의를 입고 수갑을 찬 피의자가 호송차를 타는 모습이 대대적으로 보도된다. 구속이 된 후에는 해당 사건에 대한 보도가 눈에 띄게 뜸해지고 대중의 공분도 수그러든다. 훗날 재판이 끝나더라도 그 결과는 아주 짤막하게 보도된다. 동경 특파원을 지낸 어느 기자가 일본 언론은 주로 재판 결과를 보도하는데 한국 언론은 주로 구속 여부를 보도하더라는 말을 한 것이 인상 깊었다.

이런 현상이 전혀 이해가 되지 않는 건 아니다. 판사가 구속영장을 발부했다는 것은, 비록 유죄로 판단한 것은 아니라고 하더라도, 적어도 '죄를 범하였다고 의심할 만한 상당한 이유가 있다'고 인정한 것이기 때문이다. 재판이 아직 개시되지 않았고 따라서 피고인측의 반론을 본격적으로 들어보기 전이라는 한계가 있으나, 통계적으로 구속된 이후 무죄로 풀려날 가능성이 매우 낮은 현실도 무시하기 어렵다. 그러나 헌법상 무죄추정의 원칙을 생각하면 구속 여부에 더 관심을 쏟는 게 바람직한 현상은 아니다.

이런 점을 고려해보면 구속은 '사실상' 처벌과 다름이 없는 만큼 구속영장을 청구하고 발부하는 일에 더욱 신중해야 한다.

처음 영장 업무와 형사단독재판을 맡았을 때, 선배 판사가 성인오락실 사건, 고래잡이 사건, 수천만원 이상의 사기 사건은 별다른 사정이 없으면 구속하는 게 관행이라고 조언해서, 개별 사안이 구속요건에 해당하지 않다고 생각하면서도 구속영장을 발부한 적이 있다. 경력이 짧은 내가 생각이 짧아서 이례적인 결정을 하는 것은 아닐까 조심스러운 마음에서였다. 그러나 지금 돌아보면 그때 과감하게 구속영장을 기각할 것을 그랬다는 후회가 든다.

구속을 처벌로 간주하는 세태가 개선되도록 구속된 사람들의 처우도 대폭 나아졌으면 좋겠다. 헌법상 무죄로 추정된다는 사람들의 생활이 왜 거의 수형자와 다름없이 제한되고 있는지 의문이다. 변호인 접견권은 종일 보장되므로 변호사를 매일 부를 수 있을 정도로 부유한 사람은 구치소에서 회사도 운영할 수 있는 반면, 그럴 형편이 안 되는 사람은 유죄판결을 받은 수형자와 별 다를 바 없는 처지다. 적어도 가족만큼은 종일 만나게 해줄 수 있어야 하는 것 아닌가. 가족 면회를 하루에 십분만 허용하면서, 과연 그 피의자를 무죄로 추정한다고 말할 수 있는 것인가.

그래서 지금의 구속영장 제도나 실무에 대해서는 판사도, 검사도, 경찰도, 피의자도, 변호사도, 피해자도, 언론도, 일반 국민도 불만이 적지 않다. 그 근본적 이유는, 영장의 발부와 기각은 천지 차이인데 그 사이 중간 지대가 별로 없기 때문이다. 그 사이를 정교하게 채울 필요가 있다. 유형에 따라 구속영장을 조건부로 발부한다거나, 영장의 기한을 짧게 설정한다거나, 증거인멸 우려나 도망 우려 등 영장 발부 사유에 따라 피구속자의 처우를 다르게 한다거나 하는 식이다. 영장의 발부와 기각 사이, 그 가깝고도 먼 사이에 완충 지대를 마련해준다면 좀더 많은 이들의 불만이 해소될 수 있지 않을까.

# 8

## 과거라는
## 명화를
## 복원하는 일

## 냉정과 열정 사이, 판사와 과장 사이

이 글은 주말 오전, 아파트 단지에 있는 작은 북카페 유리벽 앞에 앉아서 쓰고 있다. 글이 막힐 때마다 유리창 너머 싱그러운 연초록 나무로 둘러싸인 농구장 안에서 어린아이와 아버지가 캐치볼을 즐기는 것을 힐끔거리며 카푸치노를 홀짝거리고 있다. 코에는 향긋한 커피향이 어른거리고 귓가에는 피아노, 기타, 첼로의 선율이 시냇물처럼 잔잔히 흐른다. 아이들은 북카페의 어린이책 코너에서 만화책을 보고 있다. 눈으로는 험악한 사건 기록을 읽고, 귀로는 양측의 가시 돋친 말다툼을 듣고, 입으로는 피고인의 죄를 따지고, 손으로는 피고인의 잘못에 대한 쟁점을 낱낱이 메모하는 법정에서와는 기분이 천양지차다.

엊그저께는 별안간 무슨 바람이 불었는지 2003년 개봉한 일본 영화 「냉정과 열정 사이」를 다시 찾아서 보았다. 한때 연인이었던 준세이와 아오이가 헤어진 후 각자 인생을 살아가다가, 아오이의 서른살 생일 때 피렌쩨 두오모 꼭대기에서 만나자던 십년 전 약속을 지킨다는 내용이었다. 영화를 보면서 내가 왜 십오년 만에 뜬금없이 이 영화가 보고 싶어졌는지를 알게 되었다. 주제 음악인 「The Whole Nine Yards」가 바로 북카페에서 되풀이해 틀어주던, 지금도 듣고 있는 그 음악이었기 때문이다.

십오년 전에는 영화를 보며 눈가가 촉촉해졌는데, 이제는 도무지 그들의 로맨스에 몰입되지 않았다. 십년간 옛사랑을 못 잊는 것도, 십년 전 약속을 굳이 지키는 것도 비현실적이라고만 생각되었다. 이십대 청년의 열정은 사라지고 사십대 아저씨의 냉정 내지 냉소만 남은 것이다. 십오년 전엔 안 보였지만 이제야 보이는 대목도 있다. 시간적 상징의 대칭이다.

준세이는 온 삶이 뒤(과거)를 쳐다보고 있다. 역사의 도시 피렌쩨에서 명화를 복원하는 일을 한다. 다른 여자를 만나도 옛사랑 아오이를 잊지 못한다. 반면 아오이는 앞(미래)을 보고 걷는다. 현실적이다. 과거의 연인 준세이를 잊고 부유한 새 남자친구와 결혼을 준비한다. 새로운 유행을 선도하는 도시 밀라노에서 미래에도 유지되는 가치를 상징하는 보석상에서 일한다.

판사로 일하다가 행정부에서 일해보니, 일의 성격이 피렌쩨와 밀라노만큼, 준세이와 아오이만큼 달랐다. 본질적 차이는 바라보는 시간의 방향이었다. 행정부 관료에게 사건은 도플러 효과를 일으키는 기차다. 기적 소리는 기차가 다가올 때 높게 들리다가 기차가 지나쳐 멀어지면서부터는 낮게 들린다. 앞으로 일어날 일에 대해서는 어떤 파장을 일으킬지를 두고 모든 촉각을 곤두세우지만, 일단 지나간 일에 대해서는 특별한 문제가 일어나지 않는 이상 관심이 현저히 떨어진다. 사건을 말(馬)에 비유하자면, 행정부는 달리는 말 위에 올라타 있다. 양옆으로는 현재가 획획 지나가고 정면에선 예측 못한 풍경이 들이닥친다. 고삐를 어디로 당기느냐에 따라 미래에 전개될 양상이 확연히 달라진다. 반면 판사가 다루는 사건은 죽은 말이다. 판사는 돋보기를 들고 쪼그리고 앉아서 말이 죽은 모습을 세밀하게 관찰하고, 죽을 당시의 상황을 복원하고, 죽음의 원인을 면밀하게 분석한다. 짧게는 일년 전, 길게는 사, 오년 전에 일어난 사건을 복구하는 데 대부분의 에너지를 쓴다.

영화 속 준세이의 직업은 유화 복원사로, 중세 이딸리아의 유명 화가 치골리의 작품을 공방에서 물감과 끌, 확대경을 사용해 제작 당시에 가깝게 복원하는 일을 한다. 그 장면을 보면서 유화 복원사가 판사와 닮았다는 생각이 들었다. 판사의 일도 대부분 과거를 복구하는 것이기 때문이다. 물감이라는 재료와 끝이라는 도구 대신 증거라는 재료와 논리라는 도구를 사용하는 점이 다를 뿐이다.


## 아이스크림으로 무마할 수는 없으니까

얼마 전 집 근처 식당에서 점심을 먹다가 아들과 딸 사이에 말다툼이 벌어졌다. 둘이서 누가 먼저 젓가락으로 테이블 위에 놓인 메뉴판을 들어올리는지 시합을 하고 있었다. 그러다 여동생이 오빠를 이겼다. 승리의 기쁨을 만끽 중인 딸 옆에서 아들은 울상을 지으며 "반칙이야!"를 외쳤다. 동생이 게임 시작 전에 메뉴판을 가운데 지점이 아니라 동생에게 가깝게 뒀다는 것이었다. 딸은 메뉴판이 가운데 있었다고 항변했고 급기야 아들이 날더러 반칙이 있었는지 판정을 내려달라고 요구한 것이다.

직업병인지 순간 내 마음속에서 그 자리가 법정으로 변해버렸다. 아들이 고소인, 딸이 피고인, 아내가 증인, 내가 재판장. 판사 노릇은 역시 난처했다. 아들 말이 맞다 하면 딸이 삐치고, 딸의 손을 들어주면 아들이 서운해할 게 뻔했다.

무엇보다도 판사 때 빈번하게 그러했듯이 진상은 나도 확실하게는 모른다. 당시 나는 동태찌개에 코를 박고 흡입하느라 현장을 목격하지 못했기 때문이다. 아이들에 의해 목격자로 지목된 아내는 당시 메뉴판을 힐끔 보았지만 그것은 그야말로 메뉴를 보려고 본 것이지 메뉴판의 위치에 대해서는 주목하지 않았다고 진술했다. 내가 판결을 내리는 것을 포기하고 그 대신 아이스크림을 사주겠다고 하자 둘 다 "꺄!" 소리를 지르며 언제 다투었냐는 듯 그저 싱글벙글했다.

그러나 실제 재판에서는 판사가 입장이 난처하고 진상을 잘 모르겠다고 해서 아이스크림을 하나씩 사주고 어물쩍 넘어갈 수는 없다. 누가 어떤 법적 책임을 져야 하는지를 분명히 밝혀야 한다. 법적 책임을 따지기 위해서는 그 전제로 사실관계를 확정해야 한다. 사건 당시 대체 무슨 일이 있었는지부터 소상히 밝혀내야 하는 것이다.

가령 누가 누구의 머리를 한번 때렸는지 두번 때렸는지, 누가 지하철에서 누구의 엉덩이를 만졌는지 안 만졌는지, 누가 누구로부터 돈을 받았는지 안 받았는지, 누가 누구를 어떤 이유로 해고한 것인지 따위를 확정하는 것이다. 이런 작업을 법률가들은 '사실확정'(Fact Finding)이라 한다.

판사가 되기 전에는 판사의 일이 대부분 법 위반을 판단하는 일인 줄 알았다. 이런 짓은 위법해, 이런 짓은 괜찮아, 그건 청구할 수 있어, 그럴 권리는 없어, 이런 식으로 말이다. 그런데 판사가 되고 보니 대부분의 시간은 법리 논쟁보다는 사실확정에 할애되었다. 재판의 승패나 유무죄 판단도 대부분 사실확정에서 판가름 난다.


## 현실은 셜록 홈스나 CSI가 아니다


판사가 되기 전에는 증인들 말을 찬찬히 듣고 증거들을 살펴보고 논리적으로 따져보면 손쉽게 사건의 진상을 파악해낼 수 있을 줄 알았다. 드라마 속 셜록 홈스나 CSI(범죄 현장 과학수사팀)처럼 말이다. 순진한 착각 내지 오만이었다. 아무리 기록을 여러번 본다고 해도 확신을 가지고 판단할 수 없는 사실관계가 지천에 널려 있었다.

현실이 셜록 홈스 소설이나 CSI 드라마와 다른 점은 현실에서는 증거가 온전히 남아 있지 않다는 것이다. 우리 삶에서 일어나는 무수한 사건들은 일어나는 순간 과거 속으로 넘어가버린다. 그 사건의 흔적이나 그에 관한 기억도 바람 부는 벌판의 연약한 꽃잎처럼 금세 어디론가 날아가버린다. 그 꽃잎들 몇장을 겨우 찾아내서 꽃 전체를 복구하는 일이 어디 쉽겠는가.

판사 입장에서는, 늘 증거가 부족하다. 증거가 충분하면 법정까지 찾아왔겠는가. 사실확정을 퍼즐 맞추기에 비유하는 경우도 있다. 다만 실전의 퍼즐은 조각조각이 꼭 들어맞는 그림 퍼즐이 아니다. 실전의 퍼즐 맞추기는 누군가 던진 벽돌에 와

장창 깨어진 유리창을 바닥에 떨어진 조각들을 들고 복구하는 작업과 같다. 유리 조각의 절반은 이미 온데간데없고, 남은 조각은 그야말로 산산조각이 나서 복구 자체가 어렵고, 그럴듯한 조각을 집어 들어봤자 제자리가 어딘지 알기 어렵고, 자칫 잘못 건드렸다가는 유리 조각에 상처 입는 피해자가 나온다.

## '시련 재판'이라는 시련

판사가 사실을 확정하려면 증거가 있어야 한다. 증거를 토대로 사실을 확정하는 것을 증거재판주의라고 한다. 지금 들으면 아주 당연한 것 같지만 불과 몇백년 전까지만 해도 그렇지 않았다. 판단자는 피고인이 범인이라는 확신이 생기면 증거가 없어도 유죄판결을 할 수 있었다. 아니면 피고인을 고문해서 실토를 받았다. 동서양을 막론하고 고문이 정당한 신문 수단이었다.

유럽에서는 고대부터 중세 후반까지도 '시련 재판'(trial by ordeal)이 지속되었다. 시련 재판은 피고인에게 고통을 주어서 살아남으면 무죄, 죽어버리면 유죄로 판정하는 재판이다. 끓는 물에 담그거나, 불길이 솟구치는 길을 걷게 하거나, 독을 먹이거나 해서 살아나면 무죄, 죽으면 유죄가 되는 것이다. 최고 계

급인 지배층이나 사제들에게는 빵을 먹여서 목구멍으로 잘 넘어가면 무죄, 안 넘어가면 유죄로 판정했다고 한다.

지금은 고문을 해서 얻은 진술은 증거가 될 수 없다. 고문뿐만 아니라 위법하게 수집한 모든 증거가 유죄의 증거가 될 수 없다. 가령 수사기관이 영장 없이 범죄 현장을 도청했다면 그것을 증거로 사용할 수 없다. 그뿐만 아니라 위법하게 수집한 증거를 토대로 수집한 추가 증거 역시 위법하게 취급되어야 한다는 독수독과(毒樹毒果) 이론도 오래전부터 논의되고 있다. 피고인에게는 진술거부권까지 인정된다. 수사기관이 조사하면서 피의자에게 진술거부권이 있다고 알려주지 않으면 그 진술이나 조서를 증거로 사용할 수조차 없다. 심지어 피고인이 자백을 해도 그 진실성을 보강할 수 있는 증거가 없으면 유죄판결을 할 수 없다.

형사재판에서는 민사 등 나머지 재판과는 달리 전문(傳聞)증거에 증거능력(증거가 될 수 있는 자격)이 없다. 전문증거는 증인이 남에게 전해 들은 말을 진술하는 것이다. 다시 말해서 형사재판에서는 증인이 직접 보고 들어서 경험한 것만 증거가 될 수 있지, 남에게 들었다고 하는 말은 증거가 될 수 없다. 재판을 해보면 증거는 늘 부족한데, 그나마 위법수집증거, 전문증거를 빼고 나면 쓸 수 있는 증거는 더 제한되는 것이다.

## 알라딘의 요술램프가 아니라서

재판에서 사실관계에 대해 다툼이 생기면 증거조사 절차를 통해서 해당 사실관계를 확인하게 된다. 증거조사란 말 그대로 판사가 증거를 조사하는 것이다. 증거는 그 종류에 따라 법으로 정해진 조사 방법이 다르다. 증인은 '신문'한다. 증거물은 '제시'한다. 서류는 '낭독'하거나 '열람'한다.

증거조사를 한다고 해서 당시의 상황이 알라딘의 요술램프처럼 3D 입체영상으로, 있었던 그대로 재구성되는 것도 아니다. 증거가 부족한 부분은 논리와 상상력으로 채워넣어야 한다. 살인사건과 같이 큰 사건보다는 경미한 사건이 사실관계를 추적하기가 더 어렵다. 살인사건에는 풍부한 단서를 제공하는 시체라는 증거가 있고 그밖에도 여러가지 정황들이 드러나기 쉽다. 반면 툭 치고 지나간 폭력, 엉덩이를 슥 만지고 지나가는 추행과 같은 경우는 녹화 동영상이 없는 이상 입증이 어렵다. 사기죄, 협박죄, 강요죄, 직권남용죄 등은 대개 말로 이루어지고, 그 말이라는 것도 사용하는 어휘뿐만 아니라 말투나 표정, 뉘앙스가 결정적이라 그 당시 녹음해놓지 않은 이상 입증하기 어렵다.

누구에게 맞아서 상해를 입었다는 사실을 입증하기 위해 전치 2주짜리 진단서를 끊어서 내기도 한다. 그런데 사실 2주짜리 진단서는 의사에게 가서 말로만 아프다고 해도 끊어주는 경우가 많다. 그런 것을 두고 누구에게 맞았다거나 누구 때문에 상해가 생겼다고 단정하기도 어렵고, 반대로 그렇지 않다고 단정하기도 어렵다. 이혼재판을 할 때에는 당사자가 상대방이 자신의 머리채를 잡고 흔든 폭력의 증거라면서, 뽑힌 머리카락 수십가닥을 찍은 사진을 제출하곤 한다. 그러나 그런 머리카락은 우리 집 욕조의 수챗구멍에서도 채집할 수 있다. 진단서나 머리카락 사진을 놓고 어떤 사실까지 인정할 수 있는가 하는 것은 고도로 복잡한 법률이론적 문제에 대답하는 것보다 나에게는 더 어려운 일이다.

중국음식점 주인과 종업원이 싸우다 서로 상해로 고소한 사건이 떠오른다. 야간에 집밖 공터에서 쌍방이 말싸움에 이어 몸싸움도 벌였는데, 종업원은 서로 때렸다고 주장하는 반면 주인은 자기는 맞기만 했다고 우겼다. 사건의 핵심은 종업원의 발등에 금이 갔는데 그것이 누구 책임이냐는 것이다. 종업원은 주인이 자기를 구타하다가 들고 있던 우산 끝으로 자기 발등을 찍는 바람에 생긴 상처라고 하는 반면, 주인은 종업원이 제 스스로 옆에 있던 돌을 발로 걷어차는 바람에 다친 것이라 했다.

사건을 속 시원히 해결할 뾰족한 직접증거가 없었다. 의사는 그 정도 금이 가는 것은 스스로 돌을 걷어차더라도 생길 수 있고 우산 끝으로 발등을 찍어도 생길 수 있다고 했다. 목격자도, CCTV도 없었다. 법정에서는 두 사람 다 튀어나올 것 같은 눈으로 나를 쳐다보면서, 호소력 짙은 목소리와 표정으로, 심지어 울먹이면서 자기 말이 진실이라고 주장했다.

하도 답답해서 밤에 사무실에 남아 혹시나 단서를 찾을 수 있을까 싶어서 사백 페이지 정도 되는 기록을 보고 또 보았지만, 역시나 별 소용이 없었다. 답답한 마음에 동료 판사를 붙잡고 어떻게 생각하느냐고 물어보았지만 동료 판사라고 별 수 있겠는가. 아무리 똑똑한 판사라고 한들 기록을 본 나보다 몰랐으면 몰랐지 어떻게 그날 그 공터에서 있었던 일을 알겠는가.

제아무리 형사법의 대가로 수천년 전의 로마법, 게르만법, 독일법, 프랑스법, 일본법을 다 꿰고 있다고 해도, 대법관이나 대법원장이라고 해도, 미국과 독일의 유명한 대법관이라고 해도, 그 종업원의 발을 주인이 우산 끝으로 내려친 것인지 아닌지를 확실하게 알 수는 없을 것이다(미국 드라마의 CSI라면 몰라도). 분명히 답이 존재하는 그 사소한 사실 한조각조차 알 수 없다는 사실. 그 사실이 한 판사를, 한 인간을 한없이 작게 만들 때가 있다.

판사를 더 움츠러들게 만드는 건, 바로 사건 당사자는 진실을 안다는 점이다. 제아무리 똑똑한 판사라 해도 사실관계를 당사자보다 더 정확하게 알 수는 없다. 재판하는 사람은 진실을 알기가 그토록 어려운데 재판을 받는 사람은 다 알고 있는 것이다. 가르치는 선생은 잘 모르고 학생은 다 알고 있으면서 팔짱 끼고 모르는 척하는 것과 같다. 그럼에도 판사가 판결문에 실상과 다른 사실인정을 하면 거짓말을 한 사람은 몰래 웃고 참말을 한 사람은 억울해서 피눈물이 난다. 그래서 판사에게 사실확정은 여간 부담스러운 일이 아닌 것이다.

근본적으로 과거의 일을 밝히는 것 자체가 사람들이 생각하는 것보다 훨씬 더 어려운 일이다. 우리는 일상에서 하루에도 수없이 자주 "어떤 일이 있었다"고 말하고 어떤 사실을 "안다"고 말하지만, 면밀하게 따져보면 그것이 그리 확실하지 않을 때가 많다. 우린 얼마나 알아야 안다고 할 수 있고, 얼마나 확실해야 확실하다고 말할 수 있는가.

독일의 철학자 칸트는 인간이 사건의 실체 자체(물자체)를 있는 그대로 인식할 수 없으며 그저 각자의 제한된 감각 기관에 비친 상을 놓고 어떤 일이 있었는지를 추론할 수 있을 뿐이라 했다. 철학자 수준으로 엄정하게 따지지 않더라도, 판사가 판결문에서 누가, 언제, 어디서, 무슨 일을 했다는 사실을 공식적으로 인정하는 것이 생각보다 굉장히 어려울 때가 많다.

내가 판사를 함으로써 얻은 가장 특별한 경험이 있다면, 재판 초기에는 정말 확실한 사실 같은데 재판이 끝나고 나면 그렇지 않은 쪽으로 입장이 바뀌게 되는 것을 수백번 겪은 일이다. 나 자신에게 일어난 일도 곰곰이 따져보면 불확실해지곤한다. 내가 오늘 먹어야 할 약을 먹었는지 안 먹었는지, 내가 아내에게 그 말을 했는지 안 했는지, 헷갈릴 때가 부지기수다. 나자신에게 일어난 일도 그러한데 남에게 일어난 일에 대해서 확신을 가지기란 얼마나 어렵겠는가.


## 뭣이 중헌디!

증거들 중에서 가장 많은 비중을 차지하는 것은 단연 서류다. 서류의 조사 방법은 원칙적으로 '낭독'이다. 즉, 읽는 것이다. 가령 진술조서의 경우 검사나 법원사무관이 진술조서에 적힌 문답을 모두 소리 내어 읽어야 한다. 처음에는 의외였다. 서류는 당연히 눈으로 읽는다고 생각해왔기 때문이다. 법정에서서류를 소리 내어 낭독하도록 하는 이유는 방청객을 포함한 다른 사람이 그 내용을 듣고 알 수 있도록 하기 위함이다. 재판은공개하는 것이 원칙이기 때문이다. 독일 법정에선 실제 모든문서를 낭독한다고 한다. 우리나라에선 모든 서류를 그렇게 낭독하는 법정은 없다. 대부분 기록이 수백쪽 이상인데 누가, 언제, 어떻게 다 읽겠는가.

그래서 법은 열람이 적절할 때에는 예외적으로 기록을 열람하도록 규정한다. 열람이란 눈으로 읽거나 훑어보는 것이다. 열람도 법정에서 하는 것이 바람직하겠지만 하루에 수십건을 재판하는 현실에선 불가능하다. 그래서 판사는 대개 법정에서는 대강 훑어보고 본격적인 열람은 사무실로 돌아와 판결문을 쓰면서 한다. 판사가 수시로 야근하면서 하는 일이 바로 이 열람이다.

증거조사의 꽃은 증인신문이다. 증인신문 절차는 증인을 불러놓고 검사와 변호인이 번갈아 신문하는 절차다. 물론 판사도 물어볼 수 있다. 서로 다른 입장에 있는 판사, 검사, 변호사가 다각도에서 질문을 던지다보면 알라딘 요술램프의 3D 입체 영상까지는 아니더라도 사건의 진상이 보다 입체적으로 드러날 수 있다.

검사가 부른 증인이 피고인에게 불리한 진술을 하면 변호사가 반대신문을 하면서 그 진술의 신빙성을 탄핵한다(쉽게 말해서 신빙성을 떨어뜨린다는 뜻이다). 그 진술이 추측에 불과하지 않느냐, 직접 봤느냐, 그렇게 진술해야 증인에게 실리적으로 이로운 어떤 사정이 있지 않느냐는 식으로 따져 묻는 것이다. 이렇게 반대신문을 할 수 있는 권한을 반대신문권이라 한다. 이미 진술서나 진술조서를 작성해서 할 말을 다 한 증인을 군이 법정에 다시 불러내서 똑같은 질문을 하는 것은 상대방에게 바로 이 반대신문권을 보장해주기 위해서다.

반대신문권이 보장되지 않은 증거는 피고인이 동의하지 않으면 증거능력이 없다. 증거능력이 없으면 아예 재판의 근거로 사용될 수 없다. 반대신문권이 보장되지 않은 조서 같은 증거는 일방적으로 편집될 여지가 있기 때문이다.

증인 입에서 어떤 진술이 나오느냐에 따라서 소송의 승패가 좌우되기 때문에 증인신문 내내 검사, 변호사, 피고인, 판사 모두 바짝 긴장한다. 증인은 보통 경찰이나 검찰의 수사 과정에서 이미 진술서를 썼기 때문에 법정에서도 대체로 그 내용대로 진술한다. 그러나 막상 법정에 와서는 다른 말을 하는 증인도 결코 적지 않다. "진술서에는 일일이 말하기 싫어서 그렇게 썼는데 사실은 말입니다…"라면서 검사도 변호인도 예측하지 못한 이야기를 꺼내는 것이다.

이럴 때에는 즉석에서 그 상황에 맞는 질문을 던져야 한다. '질문'을 해야 하므로 "그 말은 납득이 가지 않는 설명입니다"라는 평가나 "그런 식으로 말하면 기분이 나쁘잖아요!"라는 식의 감정풀이를 해서도 안 된다. 사실을 물어야 하므로 "그게 말이 됩니까?" "당신 같으면 그렇게 많이 도와줬는데 짜장면 얻어먹고 만족하겠습니까?"라는 식의 의견을 물어서도 안 된다. 이렇게 원칙을 말로 설명하면 쉽게 느껴져도 막상 해보면 쉽지 않은 일이다.

때로는 검사나 변호사가 쟁점에서 벗어난 질문을 하기도 한다. 질문이 제대로 이루어졌더라도 증인이 엉뚱한 말을 길게 늘어놓기도 한다. 정직하게 대답하고 싶지 않아서, 혹은 행여 자신에게 불이익이 있을까봐 일부러 동문서답하는 증인도 있다. 사실을 물었는데 의견이나 감정만 끝없이 늘어놓는 경우도 비일비재하다. 재판장, 검사, 변호사가 짜증을 억누르며 증인에게 "예, 아니오로만 대답하세요!"라거나 "간단히 사실만 이야기하세요"라며 면박을 주는 경우가 바로 이 지점이다. 어느날 동료 판사가 예상보다 훨씬 길어진 증인신문을 마치고 녹초가 되어 내 방에 찾아와서는 증인신문 때 법정 한가운데 "뭣이 중헌디!"를 적은 플래카드를 써붙이고 싶다고 푸념한 적도 있다.

판사 입장에서 적절한 질문을 고르는 것도 쉽지 않다. 판사는 아무래도 당사자들보다는 사건을 잘 모르기 때문에, 특히 판결문을 쓰지 않은 상태에서는 모든 기록을 꼼꼼하게 다시 본 상태가 아니기 때문에, 쟁점에 맞지 않는 엉뚱한 질문을 하게 될 수 있다. 적절한 질문을 하더라도 재판을 받는 당사자들의 입장에서는 판사가 어느 한쪽으로 예단하고 있는 것처럼 보일 수 있다.

내 입장에서 가장 어려운 증인신문은 이혼소송에서 어린 자녀를 대상으로 할 때다. 증인석에 선 자녀는 자신의 아버지, 또는 어머니의 잘못을 증언한다. 양육자를 지정해야 하므로 아버지와 어머니 중에서 누가 자신의 양육자가 되면 좋을지 의사 표현을 하기도 한다. 판사가 직접 물어봐야 할 때도 있다. 그렇다고 상처받기 쉬운 어린아이들에게 엄숙한 법복을 입은 판사가 대놓고 "엄마랑 살고 싶어, 아빠랑 살고 싶어?" 하고 물을 수는 없는 것 아닌가. 지금 다시 생각해봐도 무슨 말을 어떻게 해야 할지 떠오르지 않는다.

멋진 증인신문은 법정 영화의 백미다. 중학생 때 감명 깊게 본 영화 「어 퓨 굿 맨」의 명장면도 증인신문을 하는 장면이다. 젊고 패기 넘치는 법무관(톰 크루즈 분)이 군사법정에서 증인으로 나온 해병대 대령(잭 니콜슨 분)에게 도발적인 질문을 던진다. 그러자 자존심 강한 대령이 화를 참지 못하고 고함을 치며 법무관을 훈계하는 과정에서 그만 자기가 부하의 고문을 지시했다고 실토하고 만다.

현실의 법정에서는 이런 극적인 장면을 좀처럼 보기 힘들다. 거짓말을 했다가 들킨 증인이라고 하더라도 날카로운 질문을 받고 잠시 멈칫하다가 거짓말이든 동문서답이든 참말이든 나름대로 어정쩡하게 대답을 해서 그 상황을 모면하는 경우가 대부분이다. 이런 경우에 진실을 알고 있는 당사자 입장에서는 증인의 새빨간 거짓말이 법정의 환한 형광등 아래 낱낱이 드러났고 판사도 이를 똑똑히 보았을 것이므로 승소할 것이라고 반가워할지 모른다.

그러나 판사 입장에서는 그런 모습을 보고 일말의 의심을 가질 수는 있지만 그런 장면 한두번으로는 증인의 말을 거짓이라고 단정하기가 사실상 어렵다. 사람이 제때 대답을 못하는 데에는 여러 원인이 있을 수 있기 때문이다. 어떤 사람은 원래 순발력이 모자란 사람일 수도 있고, 어떤 사람은 연로해서 단어를 잘 찾지 못할 수도 있고, 어떤 사람은 기억력이 형편없어서 잘못된 말을 했을 수도 있고, 어떤 사람은 범행을 감추려는 것은 아니지만 개인적인 사정을 고려하느라 대답이 늦을 수도 있기 때문이다.

증인신문 중에 다양한 돌발 상황이 생기기도 한다. 검사나 변호인이 증인과 서로 목소리 높여 싸우기도 하고 증인이 갑자기 울음을 터뜨리거나 심지어 졸도하는 경우도 있다. 어투나 사투리가 문제될 때도 있다. 지방에서 일할 때에는 변호인과 증인 모두 사투리를 쓰는 경우가 많았다. 변호인이 이렇게 묻는다. "증인, 그날 A가 집에 일찍 들어가지 않고 딴 사람을 따라갔다, 그자?" "그래가 증인도 덩달아 따라갔다, 그자?" "그런데 나가보니까 어데 갔는지 안 보이더라, 그자?" 그러자 서울 출신의 판사가 이렇게 물었다. "그자가 누구입니까?"

검사나 변호사에게 순발력이 요구될 때도 있다. 예리하고도 적절한 질문을 기습적으로 던져서 증인의 모순된 진술을 이끌어냄으로써 판사의 심증을 흔들어버리는 순발력 좋은 검사나 변호사들도 있다. 그런 질문 하나가 수십장의 서면보다 더 큰 효과를 발휘할 때도 있다. 그러나 기발한 질문만 하려고 해서는 결코 좋은 결과를 얻지 못한다. 기본에 충실한 질문이 우선이다.

경험이 적은 검사나 변호사 중에는 증인이 거짓말을 한다고 생각하면 약이 올라서 격한 어조나 날카로운 표현으로 증인을 압박하는 경우가 더러 있다. 법정에서 고래고래 소리를 지르며 추궁하는 검사도 있었다. 그러나 노련한 검사나 변호사는 한방의 질문으로 제압하려고 덤비지 않는다. 오히려 평범해 보이지만 기본에 충실한 질문들을 던지면서 피고인이나 증인이 안심하고 거짓말을 계속 키워나가도록 내버려둔다. 그러다 틈틈이 작은 의심의 흠집을 낼 수 있는 질문들을 던진다. 그 질문에 피고인이나 증인이 계속 거짓말을 해도 다그치거나 추궁하지 않는다. 그저 고개를 살짝 갸우뚱하거나 재판장을 슬쩍 쳐다보거나 거짓 대답을 한번 더 확인할 뿐이다.

그것으로 충분하다. 가랑비에 옷이 젖듯, 그런 흠집이 몇차례 반복되면 판사 스스로 의심을 키워나가다가 결국 그 피고인이나 증인에 대한 신뢰가 무너진다. 마치 무술의 달인이 손가락으로 상대의 급소를 슬쩍 눌러놓으면 상대가 별것 아닌 줄 알고 돌아서서 걸어가다가 털썩 쓰러져 죽는 것같이. (주의할 것은 이것은 뉘앙스를 잘 읽어내는 노련한 판사에게만 통하는 비법이라는 점이다.)


## 법정이라는 무대에 선 연극배우

증인신문에 많은 시간과 노력이 들어가지만 사실 판사들은 증언보다는 사진, 동영상, 통화 내역 조회, 녹취 파일 등을 훨씬 더 신뢰한다. 법정에 나와서 거짓말을 하는 사람들이 적지 않기 때문이다. 양심이 없어서라기보다는 위증을 해서라도 가까운 사람을 도와주는 것을 의리나 인간의 도리로 여기기 때문이다.

물론 모든 사람의 말을 믿을 수 없다는 것은 아니다. 믿을 수 있는 사람의 말은 신빙성이 높고 믿을 수 없는 사람의 말은 신빙성이 낮겠지만, 판사가 그 증인이 믿을 수 있는 사람인지 아닌지를 어떻게 알겠는가. 일상에서 자주 만나는 사람이라면 무방비 상태에서 자기 자신을 노출하는 경우가 많기 때문에 그 진실성이 어느 정도 드러난다. 그러나 법정이라는 무대에 서서 판사라는 관객을 철저히 의식하는, 그것도 판사 입장에서는 난생처음 보는 증인의 진실성을 판단한다는 것은 연극 무대에서 처음 본 연극배우가 실제로는 어떤 사람인지를 판단하는 것만큼이나 어렵다.

게다가 증언한다는 것은 과거 어느 시점의 상황을 인식하고 기억하고 말로 표현하는 것인데, 이 각각의 단계에서 진실이 왜곡될 수 있다. 인간의 인식은 얼마나 주관적이고, 인간의 기억은 얼마나 빨리 부식되는가.

기억의 부식은 증인의 진술을 들은 판사에게도 적용된다. 공판기일 오후에만 서로 다른 사건의 증인 예닐곱명의 증언을 대여섯시간씩 청취하는 경우가 다반사인데, 그것을 일일이 기억하는 것이 나로선 힘들었다. 일주일만 지나도 사람을 때린 사람이 A였는지 B였는지부터 헷갈린다. 그마저도 그런 증인신문이 끝난 뒤에 빨라야 이주일, 보통은 한두달 후에나 판결문을 쓰게 되는데(그사이에도 계속해서 다른 증인을 신문한다) 그때까지 판사가 기억을 생생하게 가지고 있는 것은 사실상 불가능하다.

재판은 기억을 다루는 작업이다. 과거의 어두운 골목을 돌아다니면서 도둑처럼 숨어 있는 기억을 식별해서 현재의 조명 아래 소환하는 일이다. 판사로 살던 하루하루가 나에게는 기억과 싸우는 일이었다. 기억을 보완해주는 것이라면 그 어떤 수단이라도 강구하고 싶었다. 요즘은 재판 과정이 대부분 녹음되기 때문에 판결문을 쓸 때 이전 재판 녹음 파일을 들어보면서 기억을 환기하곤 했다.

유엔국제형사재판소(ICTY)에서 일할 때에는 증인과 피고인의 사진이 증인신문조서 앞에 붙어 있어 기억을 되살리는 데 큰 도움이 됐다. 한국에 와서 나는 피고인과 증인의 법정 사진을 한장만이라도 기록에 편철해놓거나 개인 컴퓨터로 볼 수 있도록 하자고 법원에 제안했었다. 현재 한국 법정에서는 피고인이나 증인의 사진이 증거로 제출되지 않은 이상 기록에 편철되지 않는다. 나는 활자 자체를 기억하는 능력은 떨어지지만 사람의 얼굴이나 풍경 사진을 보면 기억이 떠오르는 경우가 많다. 그러나 결국 이런 제안이 받아들여지지는 않았다.


**잉크 한두방울 떨어뜨리면 검은 물일까**


법에 정해놓은 범죄를 성립시키는 요건들을 법조계에서는 '구성요건'이라 한다. 구성요건에는 객관적 구성요건과 주관적 구성요건이 있다. 객관적 구성요건은 눈에 보이는 행동을 말하고 주관적 구성요건은 고의나 과실과 같이 행위자의 내면에 관한 것이다.

사람을 때렸는지 여부와 같은 객관적 구성요건을 판단하는 것은 그나마 덜 어렵다. 더 어려운 문제는 주관적 구성요건을 판단하는 것이다. 나는 내 마음도 잘 모를 때가 많고, 안다고 생각했을 때조차 마음이 시시각각 변한다. 중국음식점에 가면 아직도 짜장면을 먹을지 짬뽕을 먹을지 쉽게 결정하지 못한다. 하물며 남의 마음을 파악하는 것은 얼마나 어렵겠는가.

누가 지나가다가 테이블에 놓인 컵을 툭 쳐서 떨어뜨렸는데 그것을 고의로 했는지 과실로 했는지 판단하는 일은 여간 어려운 것이 아니다. 고의와 과실 사이에는 '미필적고의'가 있다. 미필적고의는 고의와 과실 사이에 존재하지만 어디까지나 고의로 분류된다. 이 용어는 그 정의부터 논란이 많다. 대법원은 "미필적고의라 함은 결과의 발생이 불확실한 경우, 즉 행위자에 있어서 그 결과 발생에 대한 확실한 예견은 없으나 그 가능성은 인정하는 것으로, 이러한 미필적고의가 있었다고 하려면 결과 발생의 가능성에 대한 인식이 있음은 물론 나아가 결과 발생을 용인하는 내심의 의사가 있음을 요한다"고 판시하고 있다. 그런데 이런 기준을 실제로 적용하자면 매우 애매할 때가 많다.

예를 들어 내가 살이 너무 쪄서 다이어트를 하겠다고 천명했다. 물론 진심이었다. 몸이 무겁다면 누가 살을 빼고 싶지 않겠는가. 헬스장도 비싼 돈 내고 등록하고 일주일에 두번씩 퍼스널 트레이닝도 받고 있다. 그런데 어느날 회식 때 마지못해 상사가 주는 술을 마신 뒤에 집에 들어와서 해장도 할 겸 야밤에

라면을 끓여 먹었다. 판검사가 이렇게 따져 묻는다고 해보자.

"라면을 먹으면 살이 찌는 것은 상식이지요?"

"네."

"특히 밤에 먹으면 살이 더 찌겠지요?"

"네."

"그런 사실을 뻔히 알면서 라면을 먹었으니, 살을 빼고 싶단 말은 거짓말이었던 것이지요?"

"아, 그 당시에는 일단 해장을 하는 것이 우선이어서 먹었습니다만…"

"다시 처음부터 합시다. 밤에 라면을 먹으면 살이 찐다는 것은 원래 알고 있었지요?"

"네."

"그럼에도 그날 밤 라면을 먹었지요?"

"네."

"라면을 누가 억지로 먹였나요?"

"아니요."

"스스로 젓가락질 해가면서, 후루룩 냠냠 맛있게 드셨지요?"

"네."

"그럼 살을 뺄 생각이 없었던 것 아닌가요?"

"네?"

"당신은 라면을 먹으면 살이 찐다는 '결과 발생의 가능성에 대한 인식이 있었음은 물론, 스스로 라면을 후루룩 먹을 정도로 결과 발생을 용인하는 내심의 의사'가 있었던 것입니다. 살이 쪄도 좋다는 미필적고의가 있었다고 판단됩니다. 즉, 당신이 살을 빼겠다고 말한 것은 거짓말이었던 것으로 보입니다."

"뭐라고요?"

나는 이런 사실인정이 실무에서 비일비재하다고 생각한다. 그러나 이것은 현실을 지나치게 왜곡하는 것이고 사람들을 억울하게 만드는 것이다. 사람의 마음에는 모순된 것이 공존할 수 있다. 가족에 대해서조차 사랑하는 마음과 미워하는 마음이 공존한다. 나도 이랬다저랬다 갈피를 못 잡을 때가 허다하다. 사람은 어이없는 실수를 하기도 하고, 멍하니 아무 생각 없이 하던 일을 계속 반복하기도 한다. 사람은 때때로 모순적인 생각이나 말이나 행동을 할 수도 있다는 것을 인정하고, 부분이 아닌 전체를 살펴서 평가할 필요가 있다. 미필적고의를 인정할 때에도 지금보다 훨씬 더 엄격한 기준을 적용해야 한다.

고의와 관련해서, 뭔가 좀 이상해서 늘 의문을 품고 있는 법리가 있다. 판례에 따르면 돈을 빌릴 당시에 갚을 의사 '나' 능력이 없으면 사기죄의 고의가 인정된다. 이렇게 인정되는 사기죄를 실무상 '차용금 사기'라 한다.

판례에 따르면 변제할 '의사'와 '능력' 둘 중의 하나만 없으면 사기죄가 인정된다. 'and' 조건이 아니라 'or' 조건이다. 그런데 피고인이 나중에 돈을 못 갚게 되면, 그가 돈을 빌릴 당시에도 변제할 의사나 능력이 없었다고 추단하는 경우가 많다. 그때 변제할 의사와 능력이 있었다면 왜 못 갚았겠느냐는 식의 논리 때문이다.

그러나 돈이 많은 사람이 왜 돈을 군이 빌리겠는가. 돈을 빌리는 사람들은 다들 당시에 돈이 궁했을 것이고, 돈을 마련할 능력이 부족했던 것이다. 돈이 부족한 사람이 나중에 돈이 생길 것이라는 걸 백 퍼센트 확신할 수 있을까. 돈이라는 것은 있다가도 없고 없었다가도 있는 것인데. 특히 사업을 하는 사람이라면 더더욱 변화무쌍하다. 그런데 나중에 결과적으로 돈을 갚지 못하게 되면 현재 수사기관에서는 피의자가 애초부터 돈을 갚을 의사나 능력이 없었다고 간주하기 십상이다. 여기다 미필적고의까지 동원하면 돈을 갚지 못할 경우 사기죄가 성립될 가능성이 급격히 높아진다.

돈을 못 갚는 것은 일종의 민사상 채무불이행이다. 빌려주는 사람도 돈을 빌려줄 때에는 담보를 잡고 빌려주어야 하는 것이다. 그렇지 않고 무모하게 빌려주면 돈을 돌려받지 못하는 위험은 채권자가 부담해야 하는 것이다. 그런데 우리나라에서는 돈을 빌려주고 못 받으면 경찰로 직행해서 사기죄로 고소한다. 구속을 지렛대로 채무자를 압박한다. 실무에서는 형량을 못 갚은 돈 1억원당 대략 징역 1년이라 계산한다. 큰 도시일수록 같은 금액을 변제하지 못해도 형량이 낮기 때문에 채권자는 지방 경찰서에 고소하려고 하고 채무자는 서울 경찰서에서 수사를 받으려고 한다.

이런 현상을 민사사건이 형사사건화된다고 한다. 우리나라에 사기죄 전과자가 다른 나라에 비해 압도적으로 많은 것도 이 문제 때문이다. 사기죄 수사에는 시간과 노력이 많이 들어간다. 즉, 실질적으로 민사사건인 채무관계를 해결하느라 경찰의 인력이 허비되고 있는 셈이다. 나는 감히 변제 당시 의사 '나' 능력이 없었다면 사기죄가 인정된다는 식의 판례가 폐기되어야 한다고 생각한다. '의사'와 '능력'이 같은 선상에 있을 수도 없다고 생각한다. '의사'는 사람 마음속에 있는 주관적 구성요건이지만 '능력'의 존부는 객관적 요소에 해당하기 때문이다.

우리나라에서는 '공모' 또한 너무 쉽게 인정되는 경향이 있다. 여러 명이 함께 있다가 돌연 한 명이 어떤 범행을 계획하거나 저지를 때 그것을 적극적으로 제지하지 않았다고 해서 곁에 있던 다른 사람도 '공동정범'으로 보는 경우가 허다하다. 따지자면 겨우 방조범이 될 사안이거나 방조범조차 되기 어려운 사안인데, 같이 있었다거나 전화로 말 몇마디 섞었다고 '묵시적 의사연락'이 있었다면서 공동정범으로 엮어버리는 것이다. 물론 어떤 사람은 그 짧은 찰나에도 옆에 있던 사람이 한 행동이 범죄인지 아닌지, 자신은 어떤 처신을 하는 것이 가장 적절한지를 순발력 있게 판단하고 그것을 실행에 옮길 수 있을 정도로 결단력도 갖추고 있을 것이다. 그러나 일반적인 사람은 돌발 상황에서 지금 무슨 일이 일어나고 있는지 파악하는 데도 시간이 걸리고, 정범과의 관계가 곤란해질까봐 혹은 정범에게 자신도 똑같은 괴롭힘을 당할까봐 그냥 가만히 있는 경우도 있다. 어떤 사람이 비겁하고 이기적으로 행동해서 도덕적으로 비난받을 수 있다고 해서 그가 당연히 형사법적으로 '공동정범'이 되는 것은 아니다.

고의를 인정할 때는 사람의 심리를 전체적으로 평가할 필요가 있다. 그렇게 하면 미필적고의도, 차용금 사기죄도, 공모공동정범도 지금보다 인정되는 경우가 훨씬 줄어들 것이다. 이는 무죄추정의 원칙이나 '의심스러울 때에는 피고인에게 유리하게'라는 법언에도 부합한다. 그럼에도 현재 관행이 좀처럼 개선되지 않는 이유는 판검사 마음속에 범죄자들이 빠져나갈 빈틈을 허용해서는 안 된다는 강박관념이 그로 인해 억울하게 처벌받는 사람이 생길지도 모른다는 두려움보다 더 크기 때문인 것 같다. 은연중에 자신은 범죄를 저지를 리 없고 처벌받을 일도 없으며 억울한 사람은 자신이 직접 걸러낼 수 있다는 생각이 깔려 있기 때문인 것 같다.

이인복 대법관은 2011년 '안산시장 수뢰혐의 사건'에서 유죄판결을 한 원심을 깨고 사건을 서울고등법원으로 돌려보내면서 이렇게 판시했다. "검사의 공소사실과 이를 뒷받침하는 증거들에서 보이는 여러 불일치, 모순, 의문에는 애써 눈감으면서, 오히려 피고인의 주장과 증거에는 불신의 전제에서 현미경의 잣대를 들이대며 엄격한 증명을 요구하는 것은 형사법원이 취할 태도가 아니다."

고의를 쉽게 인정하는 경향이 생기는 또다른 이유로, 나는 사람들이 선한 마음보다 나쁜 마음을 진심이라 믿는 경향이 한몫한다고 믿는다. 남들 앞에서 선한 척을 하면 좋은 이미지 같은 이익을 얻을 수 있지만, 악한 척을 하면 이익을 얻기 어렵다. 그 불이익을 감수하고 하는 나쁜 언행이 더 진심이라고 생각하게 되는 것이다. 그래서 한점이라도 나쁜 마음이 드러나면, 다른 백점, 천점의 마음이 다 위선이고 가식이라고 단정하게 되는 것이다. 마치 맑은 물에 흙이나 잉크가 한두방울 들어가면 흙탕물 내지 검은 물이라고 해버리는 것처럼. 반대로 한점이라도 좋은 마음이 드러나면 나머지 나쁜 마음을 다 본심이 아니라고 보지는 않으면서.

# 9

## 합리적
## 의심을
## 넘어서

**퀴즈: 다음의 피고인은 유죄인가 무죄인가**

(이 글을 읽는 여러분이 이 사건에 대해 사실인정을 해보기 바란다.) 내가 재판한 사건 중에 이런 사건이 있었다. 도난당한 승용차가 발견되었는데 그 안에서 피고인의 휴대폰이 나왔다. 검사는 피고인이 그 차를 훔쳐서 타고 다니다가 버리면서 실수로 휴대폰을 두고 내린 것이라고 주장한다. 반면에 피고인은 피시방에서 게임을 하다가 휴대폰을 잃어버렸고 아마 그 휴대폰을 훔친 사람이 승용차도 훔쳤을 것이라고 주장한다. 자, 여기까지 봤을 때, 피고인은 유죄인가, 무죄인가?

여기서 몇가지 정보를 더 고려해보자. 피고인에게는 절도 전과가 세번이나 있었다. 그리고 이 사건이 일어난 날은 절도죄로 징역살이를 마치고 출소한 날이었다. 피고인은 고속버스를 타고 강원도에 있는 집까지 가는 길에 대구에서 버스를 갈아탔는데, 자동차 도난 사고가 바로 그 시점에 대구에서 일어났다. 이제는 어떤가. 유죄인가, 무죄인가?

피고인은 자신이 승용차를 훔쳐 탔으면 그것을 타고 집까지 가면 되지 왜 군이 차를 놓아두고 다시 고속버스를 타고 집까지 갔겠느냐고 반문한다. 자신이 아무리 절도 전과자라도 그렇지, 마약중독자도 아니고 출소한 날 재범을 저지르겠느냐고도 묻는다. 게다가 피해자가 도난당했다는 승용차는 십칠년 된 고물인데 훔치려면 최신 승용차를 훔치지 왜 그런 승용차를 훔치겠느냐고 변소한다. 이제는 어떤가. 유죄인가, 무죄인가?

그런데 승용차가 나무에 처박힌 채로 발견되었다. 절도범이 스스로 내버리고 간 것이 아니라 운전하다가 사고가 나자 버리고 달아난 것이다. 이제는 어떤가. 유죄인가, 무죄인가?

만약 피고인이 범인인 것 같다면 얼마나 확신할 수 있는가? 어느 정도 확실해야 유죄라고 할 수 있을까? 확률로 따지자면 오십일 퍼센트 이상이면 유죄, 사십구 퍼센트 이하면 무죄라고 할 수 있는 것인가? 아니면 구십 퍼센트 이상 확실해야 유죄인가?

이에 대해서 법과 판례가 제시하는 기준은 '합리적 의심이 없을 정도'(beyond a reasonable doubt)이다. 여기서 합리적 의심이라는 것은 피고인이 죄를 저질렀다는 의심이 아니라 반대로 죄를 저지르지 않았을 수도 있다는 의심을 말한다.

가령 우리 집에서 맛있는 과자가 없어지면 딸은 다짜고짜 내가 먹었을 거라고 의심한다. 물론 내가 가장 식성이 좋고 전과(?)가 많으니 딸의 입장에서는 할 만한 의심이다. 그러나 여전히 제 엄마나 오빠가 먹었을 합리적 가능성도 있는 것이다. 이러한 합리적 가능성이 있는 이상 딸이 아빠를 범인으로 단정해서는 안 된다. 나는 무죄가 되는 것이다. 그러나 그날 집에 엄마와 오빠가 없었고 나 혼자 있었다면 이야기가 달라진다. 내가 범인이 아닐 수 있는 시나리오는 어느날 토끼 한마리가 우리 집에 들어와서 과자를 먹고 갔다거나 난데없이 도둑이 들어와서 과자 하나만 가져갔다는 것들뿐인데 이것을 두고 합리적 의심이라고 할 수는 없는 것이다. 이럴 때 비로소 나에게 유죄를 선고할 수 있는 것이다.

민사재판에서는 형사재판처럼 높은 확신의 정도를 요구하지 않는다. '고도의 개연성' 정도를 요구한다. 쉽게 말해서 십중팔구 정도의 가능성을 말하는 것이다. 그러나 형사재판에서는 그보다 더 높은 정도의, 합리적으로 생각할 때 무죄의 가능성이 없다고 생각될 정도의 확신을 요구한다. 그러니 일반인이 얼핏 보기에는 유죄 같은데도 판사가 무죄판결을 하는 경우가 많다. 심지어 민사재판에서는 인정된 사실이 형사재판에서는 인정되지 않는 경우도 나올 수 있다. 반대로 형사재판에서 인정된 사실이 민사재판에서 인정되지 않는 경우는 거의 없다.

자, 앞에서 소개한 사건을 다시 이 기준에 맞춰 판단해보자. 이제는 어떤가. 유죄인가, 무죄인가? 피고인이 범인인 것 같긴 한데 '합리적 의심'을 기준으로 두고 무죄라고 대답한 분들도 있을 것이다. 나도 그럴 때 판사 하기가 참 괴로웠다.


## 의심스러울 때에는 피고인의 이익으로

'합리적 의심이 없을 정도'라는 기준을 적용해도 애매할 때가 적지 않다. 피고인이 범인이 아니라는 어떠한 가능성이 합리적 의심인지 아닌지 애매할 때가 많다. 어떤 증거의 신빙성을 믿어야 할지 말아야 할지 헷갈릴 때도 많다. 그럴 때 판사는 어떻게 판결해야 하는가.

형사, 민사를 떠나 어떤 재판에서 판사가 확신이 들지 않을 때 판사를 구출해주는 법리가 바로 입증책임이다. 입증책임은 판사가 어느 쪽의 말이 맞는지 아무리 살펴봐도 확신을 가질 수 없을 때 입증책임을 지는 쪽에 불리하도록 사실이 인정되는 법리다. 민사재판에서 입증책임은 원고와 피고가 나누어서 지지만, 형사재판에서 입증책임은 전적으로 검사가 진다.

이와 관련해서 형사재판에는 '의심스러울 때에는 피고인의 이익으로'라는 법언이 적용된다. 다시 말해서 형사재판에서는 판사가 어떤 사실의 존재 여부에 대해 확신을 가지지 못하면 무죄 쪽으로 사실이 인정된다. 판사의 판결과 피해자나 일반 국민들의 인식 사이에 괴리가 생기는 것도 이 법리의 역할이 크다.

'의심스러울 때에는 피고인에게 유리하게'는 무죄추정의 원칙과 연동되어 있다. 이 원칙은 프랑스혁명 직후에 제정된 권리선언에 처음 규정되었다. 바로 그 직전까지 '마녀사냥'의 끔찍한 경험이 있었기 때문이다. 당시 유럽에서는 한번 마녀로 지목당하면 살아남기 어려웠다. 지목당한 사람이 마녀라고 자백하면 사람들이 다 보는 데서 벌거벗겨놓고 화형에 처했다. 자신이 마녀가 아니라고 부인하면 고문했다. 고문은 무시무시했다. 몸 위에 몇백 킬로그램짜리 추를 올려놓거나, 목구멍에 깔때기를 꽂고 물을 들이붓거나, 가시방석에 앉히거나 하는 식이었다. 이렇게 고문해도 자백을 하지 않으면 몸을 묶어서 물에 던지고 물 밖으로 튕겨나가면 유죄, 물속에 가라앉으면 무죄로 판정했다. 또는 불타는 길을 걷게 해서 죽으면 무죄, 살아나면 유죄라고 판정했다.

이렇게 죽인 사람이 삼사만명이 넘었다. 잔 다르끄(Jeanne

d'Arc)도 마녀로 몰려 죽었다. 유독 혼자 사는 여자들을 그렇게 죽였다. 이런 일들이 15세기부터 시작해서 16, 17세기를 지나 심지어 18세기까지 계속되었다. 갈릴레이, 뉴턴이 과학혁명을 일으킨 뒤에도 지속된 것이다. 그것도 프랑스, 독일같이 선진국이라 불리는 곳에서 자행되었다. 공식적으로 마녀사냥이 폐지된 것은 20세기에 들어와서다. (교황청에서도 2000년대에 들어서야 공식적으로 마녀사냥에 대해서 사과를 했다.) 이렇게 억울한 사람 수만을 무고하게 희생시킨 역사가 있었기 때문에 무죄추정의 원칙이 법정 안에서는 물론 사회적으로도 뿌리내릴 수 있었던 것이다.

요즘 우리 사회에서 벌어지는 인터넷과 언론의 여론재판을 보면, 유럽만큼 마녀사냥에 대한 경각심이 강하지 않은 것 같다. 유럽처럼 마녀사냥이 수백년 자행된 경험이 없으니까 그럴 수밖에 없을 것이다. 그만큼 무죄추정의 원칙도 우리 사회에서는 뿌리내리지 못한 것 같다. 오히려 도덕주의의 과잉으로 쉽게 나쁜 놈이라 몰아세우는 일이 잦다. 무죄추정의 원칙이 법정 밖에도 널리 적용되길 바란다.

맥락은 좀 다르지만 예전에 우리에게는 "죄는 미워하되 사람은 미워하면 안 된다"라는 말이 있었다. 얼마나 삶의 지혜와 인간에 대한 애정과 인문적 깊이가 진하게 배어 있는 멋진 말인가. 그 멋진 말을 어릴 적에는 자주 들었지만 요즘엔 듣기 어

렵다. 요즘 세상을 보면 죄보다 사람을 더 미워하는 것 같아 씁
쓸하다.


## 열명의 범인을 놓치는 일과 한명의 억울한 사람을 만드는 일

형사법제도는 처벌할 사람을 처벌하고 무고한 사람을 처벌
하지 않는 것이 가장 이상적이다. 그러나 현실적으로는 유죄를
쉽게 인정하면 진범이 풀려나는 일은 줄어들겠지만 무고한 사
람이 처벌되는 경우가 늘어난다. 반대로 무죄를 쉽게 인정하면
무고한 사람들이 처벌되는 경우는 적겠지만 진범들도 우르르
풀려난다. 여기서 유죄를 얼마나 쉽게 인정해야 하는가 하는
형사정책적 결단의 문제가 생긴다.

현대 문명국가의 형사법은 "열명의 범인을 놓치더라도 한명
의 무고한 사람을 처벌해서는 안 된다"는 법언을 대체로 적용
하고 있다. 이는 최선이라서가 아니라 차악이기 때문이다. 그
런데 이런 원칙을 충실히 따르다보면 화끈한 우리 국민들은 답
답해한다. 나쁜 사람 같은데 국가가 당장 감옥에 가두거나 작
두를 대령하거나 해서 속 시원하게 처단하지 않고, 범인이 미
꾸라지처럼 이리저리 빠져나가는 것을 용인하는 것처럼 보이
기 때문이다.

나도 법과대학을 다닐 때에는 교과서에 나오는 저 말이 당연히 옳다고 생각했다. 그런데 만약 한명의 무고한 사람을 처벌하지 않기 위해서 만명을 놓쳐야 한다면? 수백명의 어린이 강간범을 놓쳐야 한다면? 내 자식을 괴롭힌 사람을 놓쳐야 한다면? 당신은 동의하겠는가? 실제로 재판을 하면서 피해자들의 눈빛을 마주해보면 쉽지 않은 문제다.

납치강간범으로 기소된 피고인에 대해서 판사가 무죄판결을 선고하자 피해자 부부가 억울하고 화가 나서 동반 자살을 했다는 기사를 본 적이 있다. 판사의 일이 얼마나 위험한 일인지, 그동안 내가 나도 모르는 오판으로 사람들을 얼마나 아프게 했을지를 생각하다보니 마음이 무거워졌다.

형사법의 기본 이념을 어느 쪽으로 설정하든 간에 가장 기본적인 전제는 개개인의 입장에 따라서 수시로 바뀌는 것은 원칙이 될 수 없다는 것이다. 원칙은 입장이 바뀌더라도 똑같이 적용되는 것이어야 한다. 피고인의 정치적 성향, 사회적 지위, 성별, 출신, 범죄의 종류에 따라 달라지지 않고 일관성 있게 적용되어야 한다. 어떤 때에는 진범을 놓치더라도 억울한 사람을 만들어서는 안 된다고 하고, 어떤 때에는 억울한 사람이 소수 생기더라도 사회적 해악이 큰 진범을 색출해야 한다고 말하는 것은 이미 원칙이 아니다.

물론 제삼자일 때에는 몰라도 당사자가 되었을 때에도 원칙에 따라 움직이는 것은 쉽지 않은 일이다. 나만 해도 운전하면서 차선을 변경하려고 할 때 뒤에서 오는 차가 양보해주지 않으면 '도로교통법에 어긋나는 것이다, 우리나라 사람들은 이기적이고 마음에 여유가 없다'고 속으로 툴툴거리지만, 반대로 누가 내 앞으로 끼어들면 얌체 같아서 싫다. (이로써 결국 나는 이기적이고 마음에 여유도 없는 얌체가 된다.)

## 무죄와 'Not Guilty' 사이

판결에서 "어떤 사실이 인정되지 않는다"고 하는 것은 "그런 사실이 없다"고 판단한다는 의미는 아니다. 단지 그 사실을 입증할 증거가 부족하다는 뜻일 뿐이다. 증거가 조금만 더 있었더라면 그 사실을 인정했을 수도 있다.

우리나라 형사재판에서 판사가 "피고인은 무죄"라고 선고하는 것도 피고인에게 죄가 없다는 것을 확인해준 것은 아니다. 판사가 유죄로 인정할 만큼 확신이 들지 않는다는 것뿐이다. 미국의 경우 판사가 "Not Guilty(유죄가 아님)"라고 선고하는데, 무죄보다는 이 표현이 더 정확하다고 생각한다.

판사가 사실인정을 할 때에는 판사가 당사자들 중 어느 한쪽을 인간적으로 믿을 만한 사람이라고 보거나 다른 쪽을 거짓말쟁이라고 보기 때문이 아니라, 어느 한쪽으로 확신을 가질 수가 없어서 입증책임에 따라서 사실확정을 하는 경우가 많다.

아는 사람이 회사에서 일을 하고도 월급을 못 받아서 사장을 상대로 소송을 제기한 적이 있다고 한다. 자기는 돈도 없고 '백'도 없고 좋은 학교도 못 나온 비정규직인 반면, 사장은 주변에 힘 있는 사람도 많고 돈도 많아서 비싼 변호사를 선임했다. 그런데 당연히 자기가 질 줄 알았는데 의외로 판사가 자기 손을 들어주었다는 것이다. 그래서 그는 다른 사람들은 판사가 다 썩었다고 욕해도 자기만은 판사들을 믿는다고 했다. '믿는다', 내가 들은 판사를 칭찬하는 말 중 가장 기분 좋은 말이었다. 나에 대한 칭찬도 아닌데 가슴이 훈훈해졌다. 판사에게 '믿는다'는 말보다 더 큰 찬사가 없다는 것도 그때 알았다. 그에게 '믿는 구석'이 되어준 이름 모를 판사에게도 고마운 마음이 들었다.

그런데 그가 덧붙이기를 판사가 자신은 정직한 사람인데 반해 그 사장은 거짓말쟁이임을 꿰뚫어본 것 같다고 했다. 그러나 내가 보기에 그 판사는 그저 입증책임에 충실했을 뿐이다. 임금을 지급했다는 사실에 대한 입증책임은 사장에게 있는데 사장이 그에 대해 충분하게 증거를 제시하지 못한 것이다. 사장은 임금을 현찰로 지급했다며 어설픈 영수증을 제시했는데 거기에는 수령인의 이름조차 제대로 적혀 있지 않았다.

그와 정반대의 경우도 있었다. 아는 후배는 아직도 판사에 대한 원망과 불신에 휩싸여 있다. 자신의 외삼촌이 아버지의 인감도장과 서류를 훔쳐서 몰래 은행 앞으로 근저당권을 설정해놓았는데, 판사가 아버지 어머니 말을 안 믿어주고 힘센 은행의 손을 들어주더라고 했다. 그 때문에 자신의 부모님은 평생 모은 재산인 아파트를 경매로 날렸다고 했다. 후배는 살면서 경찰서 한번 안 가본 자신의 부모님을 판사가 안 믿어주었다면서 분개했다.

그러나 내가 보기에는 그 판사 역시 입증책임에 충실한 판결을 했을 뿐이다. 일단 등기가 설정되고 나면 추정력이 생기기 때문에 등기가 무효임을 입증할 책임을 후배 아버지가 지게 된다. 그 강력한 추정력을 깨기 위해서는 말만으로는 안 되고 후배의 아버지가 처남을 고소해서 형사판결을 받는 등 확실한 증거를 제시했어야 한다. 이 역시 판사가 당사자를 인간적으로 믿고 안 믿고의 문제이거나 누가 힘이 있고 없고의 문제가 아니었던 것이다.


**사람들이 원하는 재판**


법원 밖으로 나와보니 사람들이 판사들에게 원하는 것은 단연 '정확한 재판'이었다. 여기서 말하는 '정확한 재판'이란 사건의 진상과 부합하는 재판을 말한다. 엉터리 판결을 받았다고 한이 맺힌 사람들이 너무 많았다. 나를 붙잡고 내가 마치 그 판결을 한 판사인 것처럼 하소연을 늘어놓거나 심지어 화를 내기도 했다. 판사들이 진상을 알지 못한다는 불만과 탄식이 법원 안에서 생각했던 것보다 훨씬 더 크게 들렸다.

나 역시 가까운 사람들의 송사를 볼 때면 판사가 법과 판례를 있는 그대로 적용해주기만을 조마조마한 마음으로 간절히 바라곤 한다. 복잡한 법이나 판례가 아닌데도, 우리 사회에서는 여러가지 이권이나 책임 소재 때문에 그것을 그대로 적용하지 않는 곳이 허다하다는 것을 법복을 벗고 나서야 비로소 알게 되었다. 그것을 바로잡아주기를 기대할 수 있는 최후의 보루가 법원이었다.

판결이 정확하지 않으면 판사의 독립, 공정, 중립, 충실한 심리, 정의로운 결론이 죄다 의심받는다. 판사가 아무리 독립적으로 공정하고 충실하게 재판해도 판결이 정확하지 않으면 전관예우를 받았느니, 지인의 청탁을 받았느니, 서면과 증거를 제대로 안 보았다느니, 정치적으로 편향되어 있다느니, 독특한 세계관을 가지고 있다느니, '여성혐오' 또는 '남성혐오'가 엿보인다느니 하는 의심이 봇물처럼 터져나온다.

나는 판사일 때 재판은 최선을 다하면 그것으로 족한, 법에서 말하는 '수단 채무'인 줄 알았다. 그러나 국민 눈에는 재판이란 좋은 결과를 내놓아야 하는 '결과 채무'다. 의사가 아무리 친절하고, 인품이 좋고, 설명도 잘해주고, 성실하게 치료해도 오진을 내린다면 누가 좋은 의사라 하겠는가. 그저 돌팔이일 뿐이다. 차라리 불친절하고 성의 없어 보여도 정확히 진단해서 확실히 치료해준 의사가 진짜 의사다. 아무리 인품이 좋고, 친절하고, 연륜이 높아도 판결이 엉터리라면, 인품이 나쁘고, 불친절해도 정확한 판결을 하는 판사보다 못하다. 아니, 훨씬 나쁘다.

많은 사람들이 판사의 인품이 훌륭하지 않은지, 자신과 소통을 기피하려 하는지가 아니라 사실과 다른 판결, 억울한 판결을 받을까봐 불안해한다. 엉터리 판결을 받은 사람들의 피눈물을 자주 볼 기회가 없던 판사 시절에는 좋은 판결의 기준을 판사의 입장에서만 생각했다. 판결의 내용이 실제 일어난 사건과 부합하는지보다는 판결 자체의 논리적 완결성이 충분한지에 더 초점을 맞췄다. 분쟁의 한가운데 깊숙이 뛰어들어 진상을 적극적으로 캐려고 하기보다는 사건의 진상을 경험하지 못한 판사가 섣불리 넘겨짚어 추측하는 것이 오히려 더 위험하다는 논리를 방패 삼아 실체의 주변부에서만 얼쩡거리는 것을 정당화했다. 실체에 부합하지 않는 판결을 하지 않으려는 노력보다 변론주의, 입증책임, 증거법칙 등 기술적 '룰'과 양 당사자 사이의 기계적 중립에 어긋난 판결을 하지 않으려고 훨씬 더 많은 노력을 기울였다. 헷갈릴 때에는 안전한(?) 입증책임에 기대어 판결함으로써 진실을 직면하기 위해 필요한 용기를 더 내지 못했다. 돌이켜 생각하니 아쉽고 부끄럽다.

심지어 나는 재판을 하면서 때때로 증거 없이 자기 주장만 반복하는 당사자에게, 판사가 신도 아닌데 증거가 제출되지 않으면 그런 사정까지 다 어떻게 알겠느냐고 하소연하기도 했다. 내 말이 소송법적으로는 맞다 하더라도 국민에게 당당히 할 말은 아니었다. 지금은 당사자의 불충분한 증거 제시로 불리한 판결을 내렸다 하더라도 그것이 진실에 부합하지 않았다면 판사로서는 미안해해야 하는 일이라고 생각한다.

어느 판사가 의도적으로 정확하지 않은 재판을 하고 싶겠는가. 정확하지 않은 판결에 대해서 판사가 책임을 면할 수 없다는 점에서 결국 핑계일 수밖에 없지만, 인간 인식 능력의 본질적 한계, 언어의 한계, 과다한 업무와 시간 부족 등이 진상을 엄정하게 파악하는 데 현실적 장애가 되는 것이 사실이다.

그러나 정확한 사실확정을 위해서 법원이 더 노력해볼 여지가 적지 않다고 본다. 사실확정이 현실의 재판에서 차지하는 비중과 난이도에 비해서 그동안 그 중요성이 충분히 강조되지 못했다. 내가 사법시험에 합격하고 사법연수원을 수료해서 판사로 임용될 때까지 사실확정을 정확하게 할 수 있는지에 대해서는 테스트를 받아본 적이 없다.

법과대학에서도, 사법시험을 공부하면서도, 사법연수원에서도 법률만 잔뜩 배웠지 사실확정을 어떻게 하면 잘할 수 있는지에 대해서는 교육받은 적이 없다. 각종 학회나 세미나에서도 주로 법률과 제도가 논의되었지 사실확정에 관한 논의는 드물었다. 사실확정에 관해 연구 결과가 축적되고 있다고 알고는 있지만, 아직은 충분히 숙성되었다거나 전면적으로 적용되고 있다고 보기 어렵다.


## 인공지능과 인간 판사

미래에는 제4차 산업혁명이나 과학기술의 발전이 사실확정의 패러다임을 송두리째 바꾸어놓을 수도 있다. 나는 과학을 잘은 모르지만 인공지능이 머지않아 법률적용은 물론이고 사실확정까지 인간을 깜짝 놀라게 할 정도로 정밀하게 해낼 수 있는 날이 올 거라 전망한다.

가령 사건 기록의 모든 정보와 법정에 나온 증인의 모든 말을 습득해서 가능한 사실관계의 경우의 수와 각각의 확률을 빅데이터로 재구성해낼 수 있을 것이다. 사건 현장에 있던 사물인터넷에 접속해서 정보를 수집하고 사건 현장의 정보와 행위자의 패턴을 빅데이터로 분석해서 당시 피고인이 취할 수 있었던 경우의 수를 확률과 함께 제시할 수도 있을 것이다. 인공지능이 인간 판사처럼 증인의 눈빛이나 표정을 보고 감정을 읽어내지는 못하겠지만 그 대신 증인석에 생체반응장치를 설치할 수 있다면 그가 거짓말을 할 가능성이 얼마인지를 제시해줄 수 있을 것이다.

자신이 다니는 교회의 목사나 성당의 신부가 인공지능이라거나, 자신이 읽는 소설이나 에세이의 작가가 인공지능이라거나, 자기 자식의 교사나 여자친구가 인공지능이라거나, 자신의 가장 친한 친구나 반려견이 인공지능인 것은 결코 원치 않을 수 있다. 그러나 재판을 받아야 한다면 불완전하고 불공평할 수 있는 인간 판사보다 차라리 인공지능 판사에게 재판받겠다고 하는 사람이 내 주변에는 많아지고 있다. 인공지능은 괘씸죄를 적용하지도 않고, 전관예우에 흔들리지도 않는다. 재판받는 사람 입장에서는, 판사의 성별, 출신, 연령에 따라 판단 기준이 달라질까 우려할 필요도 없고, 판사가 기록을 열심히 보지 않았을까봐 걱정할 필요도 없으며, 판사가 그날 기분이 상해 있을까봐 눈치볼 필요도 없고, 판사 개인의 무의식, 트라우마, 편견, 재력, 계층, 정치적 성향 따위에 의해서 판결의 결론이 왜곡될 가능성을 생각하지 않아도 될 것이다.

그러나 명확할 것만 같은 인공지능에도 뚜렷한 한계가 있다.

재판은 인간을 판단하는 일이고, 인간에 대한 판단은 인간에 대한 이해를 전제로 하는 것인데, 인간이 아닌 인공지능이 인간의 감정, 불완전성, 무의식, 직관을 제대로 이해하긴 어려울 것이다. 결국 인간을 이해하는 건 인간 판사만이 가능할 것이고, 사람들이 원하는 재판을 위해서는 인간 판사가 보다 정확한 사실확정을 위해 무던히 노력하는 수밖에 없다. 정확한 사실확정은 한 인간으로서 상식과 직감과 감정과 경험이 모두 풍부하게 형성되어 사리분별이 정확해져야 가능한 일이다. 이것은 삶에서 전인격적으로 체득되는 것이다. 사랑받고 사랑하는 법, 책임감을 느끼는 것, 신뢰감을 주거나 얻는 법 등은 글로 배울 수 있는 일이 아니다. 그렇다면 판사들이 보다 정확한 사실확정을 위해 노력할 수 있는 방법은 무엇일까. 책상 앞에만 있지 말고 다른 사람들과 더불어 실제적인 삶을 충실하게 살면서, 다시 말해서 '사는 듯 사는 삶'을 살아가면서, 그 속에서 인간과 사회에 대해 보다 깊이 이해하려고 끝없이 노력하는 것이 그 방법이지 않을까.

# 10

## 마지막으로
## 하고 싶은 말씀
## 하시기를
## 바랍니다

## 판사와 검사의 균형 잡기

형사재판에서 증거조사 절차가 끝나면 검사와 변호인이 차
례로 마지막 변론을 하는데 이를 '최후변론'이라 한다. 검사가
먼저 한다. 검사는 다른 때에는 앉아서 변론을 하더라도 최후
변론만큼은 서서 한다. 보통은 짧게 구형만 한다. "피고인을 징
역 3년에 처해주시기 바랍니다"라고 말하는 식이다. 때로는 그
앞에 중요한 사정을 덧붙이기도 한다. "피고인이 피해자와 합
의한 점을 고려해서 징역 2년을 구형합니다"라는 식이다. 피고
인이 공소사실을 다투는 사건이나 사회적 이목이 집중된 사건
에서는 법정 드라마에 나오는 검사처럼 유죄 이유를 길게 설명

하기도 한다.

검사의 구형에 판사가 제약을 받는 것은 아니다. 판사는 구형보다 더 낮은 형을 선고할 수도 있고 더 높은 형을 선고할 수도 있다. 나는 검사가 징역 1년 6개월을 구형한 군납 비리 사건에 대해 징역 3년을 선고한 적도 있다. 장병들이 먹는 음식에 대한 입찰에서, 관련 중소기업조합 이사장이던 피고인이 조합의 회원사들을 들러리 세우고 자기 아내 명의의 회사가 손쉽게 낙찰되도록 조작한 것이었다. 이런 일이 심심찮게 벌어져왔기 때문에 장병들이 먹는 음식, 입는 옷의 품질이 민간의 것보다 조잡한 경우가 생긴다고 보았다.

그러나 이것은 이례적인 일이고 대개는 판사의 선고 형량이 검사의 구형량보다 낮다. 흔히 판사가 검사 구형의 절반 정도를 선고한다는 말도 있다. 같은 법 교육을 받은 판사와 검사인데, 같은 피고인을 두고 왜 적정 형량에 대한 의견이 이처럼 다른 것일까.

그 첫째 이유는 판사의 중간자적 입장 때문이다. 판사는 검사와 변호인 사이에서 결정을 내린다. 줄다리기를 할 때 양측이 줄 양쪽 끝단을 힘껏 잡아당기면 한가운데 묶인 손수건은 양측 사이에서, 양측의 힘이 절충을 이루는 지점에 머물며 승패를 결정하게 된다. 형사재판에서의 양형도 검사와 변호사의 주장이 균형을 이루는 지점에서 결정된다. 여기서 검사는 공동

체의 질서를, 변호인은 개인의 자유를 대변한다. 검사가 대변하는 공동체의 질서와, 변호인이 대변하는 개인의 자유가 충돌하는 지점에서 형사법질서가 형성된다. 공동체의 질서를 지나치게 강조하다보면 개인의 자유가 억압되고, 반대로 특정 개인의 자유를 무한정 허용하면 공동체의 질서에 균열이 생기고 다른 사람들이 피해를 보며 불공평이 초래된다. 그래서 공동체의 질서와 개인의 자유가 균형을 이루는 지점에 법이라는 울타리를 쳐두고 그 울타리를 넘어서는지에 대한 최종 판단을 검사가 속한 정부도, 일반 민간인도 아닌, 판사라는 중립적 심판자에게 맡겨놓은 것이다.

둘째 이유로는, 같은 피고인이라도 판사가 만난 피고인과 검사가 만난 피고인이 서로 다르다는 것을 생각해볼 수 있다. 같은 사람이라도 누구에게나 똑같은 페르소나를 보여주는 것이 아니다. 아버지로서 훌륭한 사람이 직장에서는 비열한 동료가 되는 한편, 친구들 사이에서는 의리의 사나이가 되는 일이 비일비재하다. 마찬가지로 같은 피고인이라도 검사가 만난 피고인은 요리조리 도망 다니거나 조사 과정에서 발뺌을 하다가 비로소 자백한 얄미운 범인인 반면, 판사가 만난 피고인은 처음부터 죄를 인정하고 고개를 푹 숙이고 용서를 구하는 염치를 아는 사람일 수 있다. 물론 판사가 보는 사건 기록에 발뺌하던 피고인의 행적과 태도가 기록되어 있지만 판사가 몇줄의 건조

한 문장을 읽는 것과 검사가 실제 그런 피고인을 만나서 직접 승강이를 벌인 것과는 다르다.

셋째, 검사가 실제로 판사가 선고할 형량이 더 낮을 것임을 알면서도 그보다 높은 형량을 구형할 때도 있다. 가령 징역 1년이 선고될 것을 예상하면서도 징역 2년을 구형하는 것이다. 이른바 '앵커링 효과'(anchoring effect)를 의도하는 것이다. 앵커링 효과는 행동경제학 용어로, 배가 닻(anchor)을 내리면 닻과 배를 연결한 밧줄의 범위 내에서만 배가 움직일 수 있듯이 최초에 제시된 숫자가 기준점 구실을 해서 이후의 판단에 영향을 주는 현상을 말한다.

검사가 이렇게 구형하는 것은 우선 앞서 말한 판사의 중간자적 입장을 의식하기 때문이다. 즉, 징역 1년이 선고될 것을 예상해서 검사가 징역 1년을 구형하면 결국 선고되는 형량은 징역 10개월 또는 8개월이 될 수 있음을 우려하는 것이다. 또, 검찰이 보기에는 적정 형량보다 낮은 법원 선고 형량의 평균을 끌어올리기 위함일 것이다. 그러나 최근에는 법원과 검찰이 제각기 양형 기준을 갈수록 정밀하게 설정하는 추세이므로 장기적으로는 법원과 검찰의 양형의 간극이 줄어들 것으로 전망된다.

## 변호인의 최후변론

검사의 구형이 끝나면 변호인이 일어나서 최후변론을 한다. 비장한 표정과 목소리로 재판장을 부르면서 말문을 연다. 이때 드라마의 변호사들은 재판장을 "존경하는 재판장님"이라 부른다. 미국 변호사들도 "Your Honor"라고 부른다. 그러나 한국 변호사들은 보통 "재판장님"이라고만 부른다. 한국 변호사들이 생각보다 정직하다.

변호인은 보통 검사보다 훨씬 더 길게 말하는데, 변호인의 최후변론은 피고인이 자백하는 경우와 무죄를 다투는 경우가 크게 다르다. 자백하는 경우에는 공소사실에 대해서는 언급하지 않고 흔히 '정상참작 사유'나 '양형 사유'라고 하는 사정들을 주장한다. 피고인과 피해자가 합의를 했고 피해자가 피고인의 처벌을 원치 않는다거나, 피고인의 처지가 참으로 딱하다거나, 피고인이 초범이라거나, 피고인이 나이가 너무 어리거나 또는 너무 많다거나 하는 등의 이유를 대면서 "존경하는 재판장님께서 이러한 사정을 참작하시어 최대한 선처해주시기 바랍니다"라며 '부탁' 내지 '읍소'하는 어조로 변론하는 경우가 많다.

반면 피고인이 무죄를 주장하는 경우에는 변호인의 최후변론도 좀더 당당하고 논리적으로 치밀하다. 검사가 제시한 증거가 부족하다거나, 증인이 거짓말을 한다거나, 검사가 전제하고 있는 논리가 상식에 벗어난다거나, 피고인에게 알리바이가 있다는 것 등을 주장하면서 피고인이 죄를 저지르지 않았을 수 있다는 합리적 의심을 판사에게 불러일으키고자 한다. 무죄판결은 판사가 보기에 피고인에게 무죄라는 확신이 들 때가 아니라 피고인이 유죄라는 확신이 들지 않을 때 선고하는 것이기 때문이다.

## 전관예우가 있느냐고 묻는다면

전관인 변호사가 변론하면 이른바 '약발'이 통할까? 법원에 전관예우가 있느냐고 물으면 나는 '관행적, 전반적으로 있는 것은 아니다'라고 답한다. 가령 이전에 같은 법원에 근무한 선배나 동료 판사가 변호사로 법정에 들어왔다고 해서 당연히 그 재판 당사자에게 유리하게 판결하는 것은 아니다. 사실 같이 일한 적이 있다고 해서 다 사이가 좋은 것도 아니다.

그러나 판사와 변호사의 개인적 관계에 따라서 전관예우든 지인예우든 어떠한 배려가 전혀 없다고는 그 누구도 장담할 수 없다. 판사의 판단이라는 것은 검은 법복에 감추어진 작은 가슴속에서 일어나는 것이어서 그 판사가 어떤 동기에서 그러한 판단에 이르게 됐는지는 오로지 그 판사만 알기 때문이다. 가령 어느 판사와 변호사가 고등학교 친구나 선후배 관계 등 친밀한 사적 인연이 있는 경우에는, 판사도 그에게 유리하게 판단하든 냉정하게 판단하든 아무래도 신경이 쓰일 수밖에 없다.

따라서 어떤 판결을 전관예우에 따라 한 것이라고 증명하기도 어렵고 그와 꼭 같은 이유로 전관예우가 아니라고 증명하기도 어렵다. 그러니 한쪽에서는 지속적으로 전관예우가 있다고 주장하고 다른 쪽에서는 전관예우가 없다고 주장하면서 평행선을 달리는 것이다.

나도 개인적 인연이 있는 변호사의 사건을 재판한 적이 몇차례 있다. 앞서 언급한, 검사 구형보다 두배 높은 실형을 선고한 사건도 나의 사법연수원 교수이자 까마득히 높은 선배 판사가 변호했던 사건이다. 나의 또다른 지인이던 어느 변호사가 맡은 사건도 기억에 남는다. 피고인이 전과가 있는 필로폰 사범이라 통상 1년 정도의 징역형에 처했을 사안이었다. 그런데 피고인이 간암 말기였다. 살날이 6개월도 남지 않았다고 했다. 변호인은 여생을 가족과 보낼 수 있도록 선처해달라고 요청했다. 유사한 마약 사범 사건 중에서 피고인이 암 말기인 선례도 찾기 어려웠다. 한 사람의 남은 생명보다 긴 형을 선고하는 것이 인도적으로 적절한 것인가 생각이 들 때마다 내가 그 변호사와의 친분 때문에 잘해주고 싶어서 그런 것이 아닌지 자기 검열이 작동했다. 그렇다고 해서 일부러 엄한 형을 내릴 수도 없는 노릇이었다. 판결을 선고하는 날 아침까지 형량을 두고 고민하다가 결국 절충적으로 징역 6월보다는 길고 징역 1년보다는 짧은 형을 선고했다.

'전관예우'라는 말이 널리 쓰이지만 사실 전관에만 국한된 문제는 아니다. 판검사 경력이 없더라도 개인적으로 그 판사를 잘 안다면서 광고하는 이른바 '지인 마케팅'의 경우도 '전관 마케팅'과 본질적으로 다를 바 없다. 지방에서 근무할 때 동향 선배라고 할 수 있는 어느 변호사로부터 근무 시간에 전화를 받은 적이 있는데, 그는 뜬금없이 나에게 오늘 구속영장을 발부한 사건이 어떤 것인지 물어보았다. 내가 황당해서 "네? 그걸 왜 물어보시죠?" 하니 조만간 술이나 한잔하자고 하고는 전화를 뚝 끊었다. 아마도 구속된 피고인의 가족이 그 변호사를 찾아갔는데 그 가족 앞에서 버젓이 나에게 통화를 해보인 모양이었다. 당시에는 경력도 짧고 눈치도 없어서 변호사가 그러리라고는 상상조차 못하고 당했는데, 그런 일이 몇차례 반복되자 나도 "지금 혹시 옆에 재판받는 당사자가 있는 건 아니죠?"라고 받아치게 되었고, 그렇게 말하고 나니 다시는 그런 전화가 오지 않았다.

문제는 이런 수법이 판사에게는 먹히지 않더라도 의뢰인들에게는 잘 먹힐 수 있다는 것이다. 변호사가 필요한 사람이 서로 다른 두명의 변호사를 소개받았다고 치자. 성실하고 정직하고 실력도 좋지만 겸손한 A변호사는 "소송 결과는 쉽게 예측할 수가 없습니다. 걸리는 점이 몇가지 있어서 승소를 장담할 수는 없지만 맡겨주시면 최선을 다해보겠습니다"라고 말한다. 그런데 성의도 실력도 없는 B변호사는 "그 판사, 내가 개인적으로 아주 친합니다. 얼마 전에도 만났고 조만간 또 만날 일이 있어요. 개인적인 통화도 할 수 있는 사이입니다. 부탁한다고 판사가 무조건 잘해주는 것은 아니지만, 판사도 사람이고 저와의 관계도 있는데 제가 맡은 사건을 험하게 판결하겠습니까?"라고 말한다. 의뢰인은 어느 쪽을 택하겠는가.

이런 말을 대놓고 하는 변호사는 사실 사기꾼에 가까운 경우가 많지만, 의뢰인 입장에서는 그것이 진짜인지 거짓인지 확인하기 어렵다. 결과가 좋으면 판사와의 개인적 관계 때문에 잘된 거니 돈을 더 내놓으라고 할 것이고, 결과가 나빠도 그나마 판사와 아는 사이라 그 정도라도 나온 것이라고 둘러대면 그만이다.

게다가 우리 사회 곳곳이 인맥을 바탕으로 한 부정한 청탁이 통하는 경우가 적지 않기 때문에, 보통 사람들 입장에서는 법조계 역시 그럴 것이라고 믿기 쉽다. 영화나 드라마나 소설도 온통 전관예우나 부정한 청탁으로 힘 있거나 돈 있는 사람들이 법망을 빠져나가는 장면들로 가득하다. 그럼에도 의뢰인이

'전관 마케팅' '지인 마케팅'에 흔들리지 않고 건실한 변호사를 선택하기란 쉽지 않은 것이다.

우리 사회의 이중적인 윤리 잣대도 문제다. 사람들은 타인의 사건에서는 공사를 철저히 구분하는 엄정한 판검사를 원하지만, 막상 자신의 사건에서는 친분이 있는 판검사에게 적극적으로 청탁하는 것을 주저하지 않는다. 그 판검사가 자기 사건을 냉정하게 처리하면 피도 눈물도 없다거나 인간미가 없다거나 예의가 없다면서 비난한다. 내가 아는 한 법원장님은 반듯하고 공정하고 인품도 높은 분이라서 나뿐만 아니라 많은 판사가 존경했다. 그런데 훗날 어느 사석에서 그 원장님이 집안 친척들 사이에서는 아주 인성이 나쁜 사람이라고 손가락질 받는다는 말을 듣고 깜짝 놀랐다. 아마 올곧은 성격이어서 친인척들의 청탁을 들어주시지 않았던 모양이다.

의뢰인들 중에는 브로커를 통해서 전관 변호사를 소개받는 경우가 적지 않다. 브로커들이 사건 당사자에게 접근해서 어느 판사는 어느 전관 변호사와 개인적으로 친하니 그 변호사를 수임하면 유리한 판결을 받을 수 있다고 유혹한다. 그래서 전관 변호사가 사건을 수임하면 브로커는 중간에서 변호사 수임료의 이삼십퍼센트를 가로챈다. 물론 불법이다. 브로커는 의뢰인에게 변호사가 판사에게 접대하거나 뇌물을 몰래 갖다주어야 한다고 속여서 수천만원을 추가로 뜯어내곤 한다.

국민들이 사법 제도를 불신하는 가장 근본적인 책임은 역시 판사, 검사, 변호사에게 있다. 그러나 비리와 부패에 관한 소문이 실제 이상으로 확대 재생산되고 일부 수임료가 과도하게 부풀려지는 데에는 법조 브로커의 역할이 크다는 것이 많은 법조계 종사자들의 인식이다. 언젠가 아내와 법원 근처의 오래된 설렁탕집에서 밥을 먹다가 옆자리에 앉은 두 사람이 나누는 이야기를 듣게 되었다. 한 사람이 마주앉은 사람에게 집행유예를 받고 싶으면 판사에게 적어도 삼천만원을 갖다 주어야 하고, 무죄를 받으려면 일억원을 주어야 한다고 말하고 있었다. 그 말을 듣던 아내가 나에게 손바닥을 벌리고 손끝을 까닥까닥하며 지금까지 자기 몰래 받은 돈을 다 내어놓으라는 시늉을 해 보였다.

## 법정에 '피해자석'도 놓아주면 안 될까

"피고인, 마지막으로 하실 말씀이 있으면 하십시오."

검사와 변호인의 최후변론이 끝나고 재판장이 이렇게 말하면 피고인이 일어나서 최후진술을 한다. 피고인이 앉아서 말하려고 하면 경위가 와서 일으켜세우곤 하는데 나는 경위가 그렇게 하지 못하게 했다. 그래도 대개의 피고인들은 서서 한다. 한번은 이런 경우도 있었다. 한 젊은 피고인이 앉아서 최후변론을 하려는데 갑자기 어디선가 "일어서!"라는 단호한 목소리가 들렸다. 피고인의 어머니였다.

피고인의 최후진술은 천차만별이다. 첫째 유형은 반성하고 선처를 구하는 경우다. 흔히 피고인이 "정말 죄송합니다. 저의 잘못을 뉘우치고 있습니다. 다시는 이런 일이 없도록 하겠습니다. 부디 용서해주시고 선처해주십시오"라는 식으로 말한다. 이렇게 피고인이 내 앞에서 사과하고 용서를 구하는 것을 보고 있으면, 이것은 내가 들을 말이 아니라는 생각이 든다. 피해자가 들어야 할 말이다. 상처는 피해자에게 났는데 약은 판사에게 바르고 있는 격이다. 그런 경우 굳이 "저한테 사과할 것은 없고 혹시 피해자에게는 하셨습니까?"라고 물어보기도 한다. 그러나 많은 피고인이 정작 피해자에게는 사과도, 반성한다는 말도, 용서를 구한다는 말도 한 적이 없다고 한다. 그저 칼자루를 들고 있는 판사 앞에서만 용서를 구한다. 그러면 그 진심이 의심스러워지지만, 다른 한편으로는 판사의 칼이 무서워서 어쩔 수 없이 하는 사과라 하더라도 피해자가 직접 사과를 들으면 얼마나 좋을까 생각하곤 한다.

피해자의 깊은 상처가 가해자의 사과 한마디에 눈 녹듯 사라질 리 없다. 그렇더라도 가해자의 사과를 들었을 때와 듣지 않았을 때 피해자의 상처의 크기가 같을 수는 없다. 그것도 피고인이 성의 없이 아무렇게나 하는 사과가 아니라 수의를 입고 법정에 서서 마이크에 입을 대고 공식적으로 하는 사과를 듣는 다면.

그런데 피해자들은 보통 재판에 나오지 않는다. 법정이라는 무대 위 주인공은 피고인뿐이다. 피해자가 앉을 자리는 없다. 피해자를 따로 초대하지도 않는다. 검사가 피해자의 목소리를 대변해주어야 하지만, 검사가 건조하게 피해자를 포함한 공익 을 대변하는 것과 피해자가 직접 나와서 자신의 목소리로 자신 의 처지와 기분을 말하는 것은 천지 차이다.

피해자가 법정에 나올 일이 전혀 없는 것은 아니다. 증인으 로 법정에 나와서 증인석에 앉아서 신문을 받을 수 있다. 그러 나 이때는 어디까지나 사건의 진상을 경험한 증인으로서 객관 적으로 존재한 사실을 증언할 뿐이다. 피해자가 증인으로 나오 면 철저한 신문의 대상이 된다. 피고인 측에서는 피해자에 대 한 불신을 전제로 날카롭게 따져 묻는다. 피고인과 피해자의 관계가 오히려 더 악화되기 십상이다. 그나마 피해자가 증인으 로 법정에 나오는 사건은 피고인이 공소사실을 부인하는 사건 들에 국한된다. 피고인이 자백하는 사건에서는 피해자를 비롯 한 증인을 대개 부르지 않는다. 대부분의 형사사건은 자백사건 이다. 그러니 대부분 형사사건에서 피해자는 법정에 나오지 못 한다.

판사로서 피해자의 얼굴 한번 못 보고, 눈물 한방울 보지 못하고, 한숨 소리 한자락도 듣지 못하고 재판하는 것이 때로 아쉬웠다. 이래도 되나 싶을 때도 있었다. 재판마다 피해자에게 재판 기일의 일시, 장소를 알려주는 것은 어떨까. 피해자가 나오고 싶지 않아서 나오지 않는 것은 무방하지만 나오고 싶은데도 아무도 초대하지 않아서 나오지 못하는 것은 아쉬운 일이다.

법정에 '피해자석'도 놓아주면 안 될까. 법대 왼편에 피고인석과 변호인석이 나란히 있는 것과 같이, 법대 오른편에 검사석과 피해자석이 나란히 있을 수는 없는 것일까. 그러면 검찰도 정의를 수호하고 피해자를 돕는 기관이라는 이미지가 더 분명해질지 모른다.

내가 재판할 때에는 검사 옆자리에 피해자가 앉아 있다고 상상하곤 했다. 사건의 주인공이 피고인 원톱이라고 생각할 때와 피고인과 피해자 투톱이라고 생각할 때에는 사건을 보는 각도나 마음속에서 어림잡게 되는 균형점 등이 크게 달라진다.

나는 피해자가 큰 상처를 입었다고 생각되는 사건의 경우에는 법원 직원을 통해서 전화로 피해자에게 마지막 변론기일을 알려주라고 했다. 그렇게 기일을 알려주어도 피해자가 법정에 나오지 않는 경우가 많았다. 피해자가 법정에 나왔어도 피고인이 사과와 반성을 하는 모습을 보면서 강한 처벌을 면하려는 꼼수라며 도리어 화를 분출하는 경우도 있었다. 피고인이 판사 앞에서 사과와 반성을 하는 것이 처벌을 면하려고 하는 마음도 분명 어느 정도는 있을 것이다. 그러나 그런 마음이 전부일까? 적게나마 정말 미안한 마음도 있지 않을까. 거짓 사과라도 그것이 아무런 의미도 없는 것일까. 피해자가 피고인을 향해서 법정에서 화를 분출하고 고함을 지르는 것도 어떤 의미나 가치가 있지 않을까. 그렇게 하면 피해자도 조금은 마음에서 상처를 떼어내고 새로운 삶을 출발하는 데 도움이 되지 않을까.

모두 다 나만의 착각일지 모르겠다.


## 모든 크레타인은 거짓말쟁이다

피고인 최후진술의 둘째 유형은 아무 말도 하지 않는 것이다. "달리 더 할 말이 없습니다"라고 말하고 앉아버리는 식이다. 그런 피고인 중 누구도 정말 할 말이 없다고는 생각하지 않는다. 형사재판까지 받아야 할 정도로 큰 사건을 피고인으로서 겪고, 경찰과 검찰의 수사를 연달아 받고, 짧게는 몇달, 길게는 한두해 정도로 긴 재판을 받은 피고인이 그 험난하고 긴 여정의 마지막 종착역에서 어찌 할 말이 없겠는가. 더구나 그 여정의 결말을 결정할 수 있는 판사 앞에서.

이 글을 쓰는 지금 이 순간 오십대 여성 피고인 두명이 떠오른다. 마지막으로 하고 싶은 말을 해보라는 나의 말에 긴 한숨 끝에 시선을 다른 곳에 두고 어두운 표정으로 "할 말 없습니다"라고 말했다. '마사지'라는 간판을 걸고 성매매를 하다가 걸린 여성들이었다. 이미 세차례나 동종 전과로 처벌받은 전력도 있었다. 제대로 교육을 받은 적도 없고, 재산도 없고, 행색도 초라하고, 머리카락도 바싹 타버린 듯 탈색되어 건강도 몹시 나빠 보였다.

그들은 빈말이라도 여느 피고인들과 마찬가지로 "다시는 이런 일을 하지 않겠으니 선처해달라"고 말하고 싶지 않았을까. 그러나 그들은 그 흔해 빠진 말조차 할 수 없다. 그들이 다시 또 그 일을 해야 한다는 것을, 그 일이 아니면 달리 먹고살 수 있는 일이 없다는 것을, 그 사실을 판사조차 알고 있다는 것을 알기 때문일 것이다.

그밖에도 피고인들이 할 말이 없다고 하는 이유는 다양할 것이다. 법정에서 일어서서 말하는 것이 너무 긴장되고 떨려서, 자기 자신조차 다 헤아릴 수 없을 만큼 심경이 복잡해서, 괜히 무슨 말을 했다가 오히려 말실수로 손해 볼까봐, 억울한 마음을 다 털어놓으면 판사가 도리어 반성하지 않는다며 더 심하게 처벌할까봐, 자기가 길게 말하면 판사가 싫어할까봐, 말을 해봤자 뭐가 달라지겠느냐는 마음에… 이런 이유들로 할 말이 없다고 하지 않겠는가.

　피고인 최후진술의 셋째 유형은 자신의 억울함을 길게 호소하는 경우다. 자신이 범인이 아니라고 주장하는 것이다. 어떤 마약 투약범이자 마약 판매범은 자신에게서 마약을 샀다는 증인의 진술이 끝나자마자 "재판장님! 저도 뽕쟁이지만 뽕쟁이 말은 절대 믿으면 안 됩니다. 진짜 못 믿을 놈들입니다!"라고 호소했다. 이것은 어느 크레타인 철학자가 "모든 크레타인은 거짓말쟁이다"라고 말한 것처럼 모순적이다.

　옆 사람과 짜고 치는 '섰다'를 함으로써 사기도박죄로 기소된 어느 피고인은 오히려 자신과 옆 사람이 '타짜들'이 파놓은 함정에 빠졌다고 주장했다. 그들이 자신의 사기도박에 속아서 돈을 잃어주는 척하면서 사실은 자신을 이렇게 감옥에 보낸 다음 거액의 합의금을 뜯어내는 고단수를 펼치고 있다고 했다. 이 법정이 거대한 도박판이 되었다고도 했다. 나를 쏘아보는 그의 간절하면서도 드센 눈빛은 나에게 "판사님, 판사님 판결에 손모가지 걸 수 있습니까?"라고 묻는 듯했다.

　위법한 행위를 한 것은 인정하지만 그럴 만한 사정이 있었다고 주장하는 경우도 많다. 나는 이를 '동기적 억울함'이라고 (나 혼자서만) 부른다. "나만 그런 게 아니라 그동안 전임자부터 동료들까지 관행적으로 해오던 일이다, 현실적으로 그 누구라도 이런 일을 하지 않고서는 사업 내지 업무를 정상적으로 해낼 수 없다, 다른 누군가에게 다 속아서 한 일이다"라고 말하는 것이다.

역시 내가 만든 말이지만 '정도적 억울함'도 있다. "내가 잘못한 것은 맞는데 잠깐 생각을 잘못해서 순식간에 벌어진 일인데 감옥까지 가야 하는가, 내가 한 일에 비해서 너무 심한 처벌이 아닌가" 하는 것이다. 텔레비전에 나오는 누구는 수백억 원씩 해먹고도 구속 좀 되었다가 풀려나는데 나는 고작 몇백만 원 해먹었다고 이렇게 오래 감옥에 가야 되느냐고 따져묻는 피고인들도 있다. 이런 피고인을 두고 예의가 없다거나 판사에게 대들었다고 괘씸하게 여기는 판사도 있지만 나는 피고인이 충분히 할 수 있는 말이라고 생각한다.

피고인들이 말하는 동기적 억울함, 정도적 억울함을 나는 변명이라 치부하지 않는다. 들어보면, 많은 부분 공감이 된다. 피고인의 억울함을 이해하면서도 처벌하는 것은 심적으로 정말 괴롭다. 동기적, 정도적 억울함을 근본적으로 해소하려면 사회제도를 바꾸어야 하지만 판사에게는 그럴 권한도, 능력도 없다. 이것이 내가 행정부로 직을 옮긴 이유 중 하나가 되기도 했다.

허를 찌르는 특이한 말을 하는 피고인들도 심심찮게 있다. 어떤 폭력범죄의 피고인은 검사가 벌금 500만원을 구형하자

벌떡 일어나서 "재판장님, 벌금은 쪽팔립니다. 차라리 징역을 보내주십시오!"라고 고함치기도 했다. 정말 징역이 더 나은지, 몇년을 원하는지 물으니 대답이 없었다. 백살이 훌쩍 넘은 피고인도 있었다. 3·1운동(1919년) 때 동참했을 수도 있는 나이였다. 명의 신탁이 문제되어 법정에 섰는데 비교적 가벼운 벌금 사안이었다. 그러나 백살이 넘도록 한번도 전과가 없었던 분이 이제 전과자가 될 수 있다는 것에 충격을 받은 나머지 더듬더듬 마지막 진술을 하다가 졸도를 하셨다.

사람이 부산하게 오가는 길거리 상점 앞에서 자위행위를 했다는 이유로 공연음란죄로 기소된 남자도 잊을 수 없다. 그는 직업란에 '거리공연가'라고 적어놓았다. 법정에는 중세 마법사들이나 입을 법한 옷을 입고 나왔다. 피고인은 시종일관 자신은 길거리에 놓인 단상에 쭈그리고 앉아서 그 사이 난 틈으로 대변을 보았을 뿐 자위행위를 한 적이 없다면서 "누가 똥을 싸면서 자위행위를 합니까?"라고 하소연했다. 그러면서 쪼그리고 앉아서 대변을 보는 모습과 자위행위를 하는 모습을 시연해보려고 했다. 저런 분이라면 법정에서도 진짜로 대변을 볼 수 있겠다는 생각에 나도 모르게 손을 번쩍 치켜들고서 다급하게 "아, 괜찮습니다! 괜찮습니다!"하고 외쳤다.

# 11

## 판결문
## 쓰는
## 시간

## 판사는 판결로 말한다

피고인이 마지막 변론을 하고 나면 재판장이 "변론을 종결하겠습니다. 선고는 ×월 ×일 ×요일 ×시에 하겠습니다"라고 말한다. 거기다 굳이 몇마디 덧붙이자면 "지금까지 주장한 말씀들과 제출한 증거들을 다시 한번 꼼꼼하게 살펴보고 옳고 균형 있는 판결을 내리도록 최선을 다하겠습니다" 정도이다. 그러나 나는 이런 말은 덧붙이지 않았다. 너무나 당연한 말을 굳이 할 필요가 있나 싶기도 하고, 좋은 판사인 척하는 것 같아서 낯간지럽기도 하고, 그 말을 오롯이 실천하는 것이 만만치 않기 때문이기도 했다.

검사, 변호사, 피고인은 재판 과정에서 있었던 소회를 말하기도 하지만 재판장은 별다른 말을 하지 않는 셈이다. 결코 할 말이 없어서는 아니다. 판사라고 왜 소회가 없겠는가. 그러나 소회나 감정이나 이런저런 생각들을 밝히게 되면 판결 전에 판사의 예단이 드러날 수 있다. 게다가 다음 선고기일에 피고인에게 엄한 형을 선고하게 될지도 모르는데 판사가 이런저런 이야기를 편안하게 늘어놓을 수도 없는 일이다.

그래서 판사는 판결이 나오기 전까지 침묵하는 것이다. 판사의 입장은 판결문으로 제시하는 것이 가장 정확하고 분명하고 적절하다. 그 유명한 "판사는 판결로 말한다"는 말도 실무상으로는 바로 이 대목에 적용되는 말이다. 다만 이 말은 판사가 해당 사건에서 예단이나 감정을 판결 전에 드러내지 않는다는 뜻일 뿐, 판사가 사회적으로 어떠한 말도 하면 안 된다는 뜻은 아니다.

얼마 전 고소를 당해서 형사법정에 선 친척 어른을 위해 법정 방청을 했다. 법복을 벗고 처음으로 가본 법정이었다. 십여 년 직장으로 다니던 곳인데도 역시 법원에 오는 것은 마음이 편치 않았다. 방청석에 앉아 있는데 무뚝뚝해 보이는 경위가 왔다 갔다 하니 괜히 내가 무슨 지적을 받을까봐 눈치가 보이기도 했다. 체격이 큰 검사가 미간을 찌푸리고 눈에 잔뜩 힘을 준 채 회전버튼이 눌린 선풍기처럼 방청석을 한번씩 주기적으로 돌아볼 때는 일부러 시선을 피하게 됐다.

그날은 마지막 변론기일이었다. 재판장인 중년의 여성 부장판사가 검사, 변호사, 피고인의 최후진술을 듣고 변론을 종결하고 있었다. 나는 무엇보다 우리 측이 낸 수많은 증거들을 판사가 다 꼼꼼하게 읽었을까 하는 걱정이 앞섰다. 그러나 담당판사가 앞서 이뤄진 재판을 진행하는 모습을 보니 믿음이 갔다. 목소리가 높지도 낮지도 않고, 빠르지도 느리지도 않았다. 태도도 권위와 친절 사이에서 적절한 균형을 잡고 있었다. 법대 위에서 기록을 쭉 넘겨보면서 "경찰에서 이런 취지로 진술하셨지요?" "이번에 내신 서면에서는 피고인이 이런 입장이라고 쓰신 거지요?"라고 일일이 문서의 개요를 말로 되짚어줬다. 안심이 되었다. 적어도 엉터리 재판을 하지는 않을 것 같다는 신뢰가 생겼다.

그러면서 내가 판사일 때에는 저 정도 신뢰를 주지 못했던 것 같아서 미안하고 아쉬웠다. 그때는 재판을 받는 당사자들이 이처럼 자기 측 서면을 과연 판사가 읽기나 할까 하는 걱정과 의심으로 노심초사함을 미처 알지 못했다. 알았더라면 설마 이런 것도 읽을까 싶은 것까지 모두 읽었다는 티를 팍팍 냈을 텐데.

## 마음이 편안한 판사가 되고 싶다

무엇보다 좋았던 것은 그 재판장이 비교적 편안해 보이더라는 것이었다. 표정도 편안하고, 말투도 빠르지 않았다. 이런저런 질문이나 말들도 날카롭지 않았다. 대쪽같이 정의감이 투철한 판사, 인권감수성이 예민한 판사, 항공기 승무원은 저리가라고 할 정도로 친절한 판사, 사법연수원을 월등히 좋은 성적으로 수료한 총명한 판사, 흐트러짐 없이 매일 야근을 하는 성실한 판사도 다 훌륭하겠지만, 나는 그중 편안한 판사를 으뜸으로 친다. 처음부터 그랬던 것은 아니고 경력이 쌓이면서 그렇게 되었다. 나도 판사로서든 사람으로서든 편안해지고 싶었다.

마음이 편안한 판사는 굳이 친절하려고 애쓰지 않아도 당사자들이 판사의 언행에 상처받지 않는다. 중립을 지키려고 애쓰지 않아도 편파적이라는 느낌을 주지 않는다. 물이 흐르듯, 바람이 지나가듯 자연스럽게 재판을 진행한다. 당사자들도 그에게 판결을 받으면 결과가 어떻든 수긍하게 된다. 결과가 원하는 대로 나오지 않더라도 저런 판사가 저렇게 판단했다면 어쩔 수 없겠다고 단념하고 새 출발을 도모할 마음이 생긴다.

편안함의 가치를 청년 시절에는 잘 몰랐다. 편안해지는 것이 별 대수롭지 않은, 쉬운 일인 줄 알았다. 심지어 편안한 사람이 지루하고 유약한 사람인 줄 알았다. 피가 뜨겁던 시절이다보니 치열하고, 특별하고, 강한 매력과 개성을 가진 사람에게 끌렸다. 그러나 나이를 먹을수록 주변 사람을 편안하게 만들 줄 아는 사람이 얼마나 대단한 능력자인가를 절감한다.

여기서 마음이 편안하다는 것은 강박증도, 일중독도, 열등감도, 인정중독도, 결벽증도, 불안으로 인한 조급증도, 피해의식도, 날카로운 공격성도 없다는 것을 말한다. 전국에 있는 판사를 다 합치면 삼천명이나 되기 때문에 판사도 천차만별이다. 입만 열면 남의 험담을 하고 남들 사정이나 치부를 재판하듯 샅샅이 파악해서 전파하는 것을 좋아하는 판사, 고함을 버럭버럭 지르는 분노조절장애 판사, 표정이 근엄함의 콘크리트로 딱딱하게 굳어버린 판사, 인정욕구와 승부욕이 지나치게 강한 판사, 판사가 세상에서 제일 잘난 사람이라고 철썩같이 믿고 있어 간혹 우스꽝스럽게 보이는 판사, 할 일이 없는 편안한 상태를 견디지 못하는 일중독자 판사, 툭하면 남이 자기에게 예의 없이 굴었다고 짜증을 내는 권위적인 판사, 동료에게도 재판하듯이 요청하지도 않은 지적과 간섭을 툭툭 일삼는 오지랖 넓은 판사… 그리고 나도 이런 모습들 중 일부를 가지고 있을 것이다.

그럼에도 좋은 사람이 되고 싶은, 좋은 사람으로 평가받고 싶은 열망이 강한 사람들이 많이 모인 곳인 만큼, 인품을 다듬으려고 노력하는 판사들이 그렇지 않은 사람들보다 주변에 더 많았던 것 같다. 그러나 다른 품성은 몰라도 편안한 것만은 고시에 합격하듯이 열심히 노력한다고 되는 것이 아니다. 겉으로 그런 척할 수 있는 문제도 아니다. 친절한 척, 정의로운 척, 착한 척은 할 수 있어도 편안한 척하기는 어렵다. '척'을 하는 순간 편안함이 깨지고 만다.

우리 사회에서 판사가 되기까지 거쳐야 하는 치열한 경쟁의 과정을 생각해보면 마음이 편안한 사람이 과연 몇명이나 판사가 될 수 있을지 의문이다. 처음에는 마음이 편안하더라도 경쟁하는 과정에서 마음이 다치거나 뾰족해지거나 불편해지기 마련이다.

판사가 되고 난 뒤에도 마음이 편해지기는 어렵다. 아침에 일어나서 경쾌한 노래를 흥얼거리면서 샤워를 하고 상쾌한 새벽 공기를 쐬며 즐겁게 집을 나섰다고 하더라도, 일단 사무실에 도착하면 커다란 캐비닛을 가득 채운 수천 페이지의 기록이 기다리고 있다. 피투성이가 된 사람들의 얼굴 사진, 살해당한 시체 사진, 피 묻은 칼, 교통사고로 처참하게 부서진 자동차, 불온한 음모가 녹음된 녹취 파일, 상대의 가슴을 후벼파는 가시 돋친 설전, 십수년치 곗돈 입출금 내역이 담긴 장부, 희미한 범죄 실황 동영상들… 결코 편안한 마음으로 볼 수는 없는 일 아닌가. 그것도 매일 야근을 해가면서.

## 나의 의사선생님 K

'편안함'을 생각하면 내가 다니는 병원의 의사선생님 K가 생각난다. K선생님은 내가 생각하기에 훌륭한 의사다. 그렇다고 그가 슈바이처처럼 오지에서 어려운 사람들을 치료해주러 다니는 의사는 아니다. 미국 의학드라마 「하우스」 속의 닥터 하우스처럼 괴팍한 카리스마를 뿜어내면서 누구도 고치지 못하는 병들을 척척 고쳐내는 천재 의사도 아니다. 패밀리 레스토랑 종업원처럼 싹싹하고 친절하지도 않다. 그럼에도 내가 그를 훌륭하다고 생각하는 이유는, 무엇보다 그의 앞에서 편안함을 느끼기 때문이다.

어린 시절 지방 소도시에 살 때에는 의사를 만나는 것이 불편하고 심지어 두려웠다. 초등학교 일학년 때 어머니와 어느 안과에 간 기억이 아직도 남아 있다. '김아무개'라는 의사 본인의 이름을 간판에 내건 안과였다. 아침 열시 진료시간에 맞추어 스무명이 넘는 환자들이 복도 양쪽에 빼곡히 앉아서 목이 빠져라 기다리고 있는데도 그 의사는 매번 이삼십분은 늦게 병원에 나왔다. 그러고도 미안하다는 말도, 안녕하시냐는 상투적인 인사말도 없이, 양쪽 의자에 빽빽하게 늘어앉은 환자들 사이에 난 비좁은 길을 권위적인 표정과 팔자걸음으로 휘적휘적 걸어들어왔다. 그러면 환자들이 양반 행차 앞의 행인이라도 되는 듯 굼실거리며 다리를 오므려 길을 터주었다.

나와 어머니가 한참을 기다려서 마침내 진료실에 들어갔더니 벽에 붙은 찬장과 책장 안에 야구공과 야구방망이가 즐비하게 늘어서 있었다. 야구광인 모양이었다. 우리가 맞은편에 앉았는데도 의사는 텔레비전 야구 중계에 시선을 두고 있었다. 일분도 안 되는 진료시간 동안 그는 내 어머니에게 다짜고짜 반말이었을 뿐만 아니라 심지어 짜증을 내고 호통을 쳤다. 그런데도 어머니는 조심조심 그의 눈치를 보며 말해야 했고 하고 싶은 말도 다 하지 못했다. 나는 그 어린 나이에도 앞으로 자라서 절대로 저런 사람은 되지 말아야겠다고 마음먹었다.

반면 나의 의사선생님 K는 연세가 예순 후반인데도 표정이 아이처럼 맑고 풍채도 좋다. 중후한 목소리로 은은하게 웃으면서 말한다. 우리나라에서 가장 권위 있는 대학병원 교수를 지내고 학계에서도 널리 인정받을 정도로 실력도 좋다. 그런데도 병이나 치료 방식에 대해서 어린이도 단번에 알아들을 수 있을 정도로 쉽게 설명해준다.

처음 진료실에 들어가면, 내 몸 상태에 대해 이야기하기 전에 그간 어찌 지냈는지부터 물어보신다. 내가 뭐라고 대꾸하면 그것을 받는 말이 재미있으면서도 경박하지 않다. 내가 바빠서 제때 못 오면 전화로 검사 결과도 설명해주고 약도 보내주신다. 나는 직업병 때문인지 남의 말을 쉽게 믿거나 따르지 않는 편인데, K선생님의 말이라면 묻지도 따지지도 않고 그냥 따르고 싶어진다.

나는 K선생님이 의사 가운 대신 법복을 입었어도 틀림없이 훌륭한 판사가 되었을 것이라 확신한다. 나도 K선생님 같은 판사가 되고 싶었다. 물론 K선생님이 판사라면 피고인을 상대로 어떻게 지냈는지를 묻거나 농담을 하면서 허허 웃지는 못할 것이다. 그럼에도 K선생님이라면 "피고인을 징역 15년에 처한다"라고 선고하면서도 피고인에게 차갑지 않은 느낌을 줄 수 있을 것 같았다. 그게 말이 되는지, 가능한 것인지 의문이 들기도 하지만, 그분의 따뜻한 표정을 떠올리면 가능할 수도 있겠다 싶다. K선생님이 근래에 기운이 없어 보이고 갑자기 연세가 든 것 같아서 걱정이다. 건강히 오래 사셔야 하는데. 그래야 나도 오래 살고.


## 고민 많은 판사의 판결문 쓰는 법

변론이 종결되고 나면 판사는 사무실에 들어와서 판결선고일까지 기록을 다시 보면서 판결문을 쓰게 된다. 판결문의 표지에는 피고인의 인적사항과 검사, 변호인, 선고날짜 등이 적힌다. 그 다음에는 주문과 이유가 나온다. 주문은 "피고인을 징역 1년에 처한다. 다만 이 판결 확정일로부터 2년간 위 형의 집행을 유예한다"는 문구가 들어간다. 무죄판결일 경우에는 "피고인은 무죄"라고 쓴다.

유죄판결과 무죄판결은 양식이 확연하게 다르다. 유죄판결은 '범죄사실' '증거의 요지' '법령의 적용' '피고인 및 변호인의 주장에 대한 판단' '양형의 이유' 순서로 목차를 기재한다. 무죄판결은 검사가 제시한 '공소사실의 요지'와 '무죄의 이유'를 길게 서술한다.

판사마다 판결문 작성 방식도 다르다. 기록을 먼저 다 꼼꼼히 본 다음 컴퓨터의 판결문 작성 시스템을 열어서 판결문을 작성하는 판사가 있는가 하면, 판결문 작성 시스템을 열어놓은 채 판결문을 써가면서 기록을 살펴보는 판사도 있다. 나는 결론이 불명확하면 전자의 방법을, 결론이 명확하면 후자의 방법을 더 자주 쓴다. 유죄인지 무죄인지가 헷갈리면 판결문을 두 종류로 모두 써보기도 한다.

그렇게 기록을 읽고, 고민하고, 판결문을 작성하는 시간이 형사재판을 하는 판사 생활의 대부분이라고 해도 과언이 아니다. 캐비닛에서 무거운 기록을 꺼내 들고 책상 위에 올려놓고 골무를 낀 손으로 뒤적거리다가, 연필로 메모지에 메모를 하다가, 컴퓨터에 판결문을 적다가, 커피를 한모금 마시다가, 다시 기록을 읽어보다가, 한숨을 몇차례 내쉬다가, 기록에 첨부된

교통사고나 성추행 등의 동영상을 틀어서 몇차례고 되돌려보다가, 맹렬하게 판결문을 다시 쓰다가, 머리를 긁적거리다가, 손가락으로 연필을 풍차처럼 빙글빙글 돌리다가, 하품을 하며 기지개를 켜다가, 한참 더 기록을 읽다가 고개를 좌우로 빙글빙글 돌리다가, 의자에서 벌떡 일어나서 안절부절 못하면서 좌우로 걸어다니다가, 컴퓨터로 유사한 판결들을 찾아보다가, 법전이나 논문을 찾아보다가, 옆방 동료에게 이 사건을 어떻게 생각하느냐고 물어보다가, 다시 돌아와서 컴퓨터로 초안을 작성하다가, 어느 정도 완성되면 출력해서 읽어보다가, 그러다 연필로 초안의 문장들을 죽죽 긋고 수정을 해보다가, 밥 먹으러 갔다가, 밥 먹으러 가는 길에 동료와 상의하다가, 다시 사무실로 돌아와서 기록을 읽는 일을 무한 반복하는 것이다.


## 문학보다 문학적인 반성문


변론이 종결되기 전까지는 수사기록을 중심으로 검사가 제출하는 서류가 훨씬 더 많은 것이 보통이지만, 변론이 종결되고 난 뒤에는 피고인이나 변호인이 제출하는 서류가 조금 더 많다. 변론요지서가 대표적이다. 변론요지서는 최종적으로 피고인의 입장을 정리해서 내는 서면을 말한다. 그밖에 합의서나 탄원서들도 들어온다.

가장 많은 것은 반성문이다. 생각보다 많이 들어온다. 한두 페이지짜리는 별로 없다. 아마 그렇게 짧으면 판사가 성의가 없다고 여길까봐 그런 것 같다. 편지지 열장이 넘는 반성문이 수두룩하다. 그렇게 긴 글을 써내는 피고인들을 보면 대단하다는 생각이 든다. 절박한 상황 속에 있기 때문에 그렇게 긴 글을 쓸 힘이 생기는 모양이다.

짧은 단어나 문장을 무수히 반복해서 반성문을 채우는 경우도 있다. 십자가를 수천수만번 그린다든지, "참회합니다"나 "저는 악인입니다"를 수천번 반복해서 쓰는 식이다. 이런 것을 보면 때로 섬뜩해질 때도 있다. 심지어 혈서로 쓴 반성문을 본 적도 있다. 한 여성 판사는 사랑한다느니 하는 내용의 연서를 받기도 했다.

어떤 반성문들은 글씨가 너무 곱다. 내가 아무리 정성을 들여서 쓰더라도 절반도 쫓아가지 못할 정도의 명필들이 많다. 수감된 지 오래된 사람들 중에 글씨를 잘 쓰는 사람에게 선물을 주면서 부탁한다고도 들었다. 어떤 반성문은 문장이나 비유가 어지간한 문학작품보다 문학적이다. 어느 마약 중독자가 썼던 글이 떠오른다. 자신을 시베리아 벌판에서 굶주리던 늑대에 비유하여 "칼에 꽂혀 있는 시뻘건 오소리의 간을 보고 그만 눈이 멀어서 핥아먹다가 아가리가 칼에 베이는 줄도 몰랐습니

다"라는 내용으로, 조용필 노래 「킬리만자로의 표범」을 뺨치는
글이었다.

그러나 안타깝게도 반성문이 형량을 감소시키는 데 큰 효과
가 있는 것은 아니다. 어차피 증거가 없으면 그 글이 진실인지
확인할 방법도 없고 구치소 내에서 대필해주는 경우도 많기 때
문이다. 피고인도 아마 그것을 알 것이지만 그나마 자신이 할
수 있는 것이 그뿐이므로 최선을 다하는 것일 테다.

오히려 반성문 때문에 부작용이 생겨서 형이 더 높아지는 경
우도 있다. 황당한 거짓말로 피해자들을 속여서 상습사기죄로
구속된 피고인이 자기를 내보내주면 석달 안에 십억원을 벌어
서 피해자들에게 모두 변제해주겠다고 장담하는 바람에 아직
정신을 못 차렸구나 싶어서 형을 더 높인 적도 있었다. 비슷한
이유로 자신의 처지가 딱하고 어렵게 되었다면서 옛날에는 수
백억원을 굴렸는데 지금은 월급이 고작 천만원뿐이어서 힘들
다고 선처를 요구한 피고인도 원하는 만큼 좋은 결과를 받지 못
했다.

어느 피고인은 "부모님을 일찍 여의고 쭉 힘들게 살아왔습
니다"라며 읍소했는데 전과기록을 보니 존속살인죄가 있었다.
어느 강간죄 피고인은 자신이 곧 결혼식을 올릴 예정이라면서
자신을 보석으로 석방해주어서 사랑하는 아내와 단란한 가정
을 꾸리게 해달라고 간청했으나, 전과기록을 보니 전처에 대한

살인미수죄가 있었다.


## 판결문 쓰기 vs 소설 쓰기

　소설 쓰기와 비교해보면 판결문 쓰기의 성격을 보다 뚜렷하게 알 수 있다. 우선 소설을 쓸 때에는 정확하지 않을까봐, 사실과 다를까봐 걱정할 필요가 없다. 단지 재미가 없을까봐, 의미가 없을까봐 걱정할 뿐이다. 소설을 잘 못 쓰면 작가가 창피해서 지옥에 빠지지만, 판결문을 잘 못 쓰면 재판을 받은 당사자가 지옥을 겪는다.

　소설은 인칭에 제한 없이 일인칭이나 이인칭이나 삼인칭으로 쓴다. 설사 삼인칭으로 쓰더라도 각 인물들에게 작가 개인의 생각과 감정과 스타일을 듬뿍 투입할 수 있다. 그래서 소설을 쓰고 나면 내 가슴에서 많은 것이 빠져나간 느낌이 든다. 반면 판결문은 항상 삼인칭이다. 판사 개인의 사적인 사념이나 주장이나 주의나 감상을 드러내면 안 된다. 비유는 물론이고 형용사나 부사도 좀처럼 쓰지 않는다. 사용하는 언어도 다르다. 소설을 쓸 때에는 문학적 용어나 비유를 동원할 수 있지만 판결문에는 기존에 법조계에서 확립되어 온 단어들만 사용해야 한다.

걸작의 주인공들 중에는 범죄자가 많다. 『이방인』의 뫼르소도 무고한 아랍인을 총으로 여러차례 쏘아 죽인 사람이고, 『죄와 벌』의 라스꼴리니꼬프도 전당포 주인인 노파와 무고한 여성을 흉기로 참혹하게 살해한 사람이다. 그런데도 독자들은 열린 마음으로 그들의 사연을 읽어가면서 그들의 처지를 이해하게 된다. 심지어 책을 덮을 무렵이 되면 자기도 모르게 이미 그들의 편에 서 있다는 사실을 발견하게 된다. 오히려 주인공이 흠이 없고 반듯하면 좋은 작품을 이끌어내기가 어렵다. 그래서 작가는 의도적으로 주인공을 범죄의 길로 내몰곤 한다.

그러나 판결문의 주인공의 잘못에 대해서는 판결문을 쓰는 판사나 읽는 사람들이나 그렇게 열린 마음으로 받아들이려 노력하지 않는다. 오히려 결점이 없는 착하고 합리적인 가상의 인물을 몸매가 완벽한 마네킹처럼 곁에 세워놓고 끊임없이 비교하면서 주인공의 나쁜 점을 식별하고 정죄한다. 주인공의 개성에도 별 관심이 없다. 주인공의 성격이 어떤지, 목소리나 눈빛이 어떤지, 말을 하거나 밥을 먹을 때 우스꽝스러운 습관이 있는지, 걸음걸이는 어떤지, 말투가 빠른지 느린지, 글씨를 잘 쓰는지와 같이 소설에서 인물을 묘사할 때 염두에 두는 그 어떤 것도 판결문을 쓸 때에는 신경쓰지 않는다. 판결문에서는 그저 그 인물이 사회가 요구하는 행위의 준칙에서 벗어나는지 여부만을 살펴볼 뿐이다.

그렇다고 판사가 피고인에게 아무런 감정이 생기지 않는 것은 아니다. 피고인이 싸이코패스가 아닌 이상 그에게 일말의 공감이 생긴다. 종종 피고인 속에서 나의 본성을 발견하면서 한 인간으로서의 묘한 동질감을 느끼게 되곤 한다. 나도 같은 환경에서 자라서 비슷한 처지에 있었으면 똑같이 범죄를 저지르지 않았을까 생각하게 되는 것이다. 그러면 아니라고 자신할 수 없을 때가 의외로 많다. 재판하는 동안 나는 판사석에 앉아 있고 피고인은 피고인석에 앉아 있지만, 사람의 본질은 나와 그가 그리 다르지 않다는 것을 재판을 할수록 느낀다. 그래서 피고인을 미워하기만 할 수는 없다.

## 편견을 깨는 쇄빙선을 타고

재판은 기억과의 싸움이기도 하지만 편견과의 싸움이기도 하다. 판사들은 동료들끼리 서로 질문을 많이 한다. 업무 시간에는 물론이고 밥을 먹으러 오고 가는 길에 수시로 사건을 놓고 도란도란 문답이 펼쳐진다. 피고인이 훔쳤다는 말이 맞을까, 피고인은 왜 그렇게 행동했을까, 당신이라면 징역 몇년을 선고하겠는가 등을 이야기한다. 동료가 물어보면 대개는 성의를 다해서 대답해준다. 일종의 품앗이이기 때문이다. 자기가 모를 때에는 다른 판사에게 도움을 구할 수 있다. 다들 같은 직업이다보니 질문과 답에 걸리는 시간이 짧다. 척하면 척이다. 그 어느 곳에서도 이렇게 생산적이고 효율적이면서도 솔직하고 편하게 의견을 피력할 수 있는 논의의 장을 본 적이 없다.

그러나 한계도 있다. 어차피 모두 판사라는 점이다. 같은 시험을 치고 같은 교육기관에서 교육을 받았다. 경제적 수준도 비슷비슷하다. 사는 동네도 비슷하다. 나랑 법대 동기이고, 사법연수원 동기이고, 법무관 동기이고, 판사 동기인 친구도 수십 명이다. 출신 학교별로 가치관이 그다지 달라지는 것도 아니다. 우리나라 법과대학의 학풍이 서로 그리 다른 것도 아니고, 대다수가 신림동 고시촌에서 똑같은 교재로 똑같은 학원 강사 수업을 들었는데 출신 대학교가 다르다고 뭐가 크게 다르겠는가.

그럼에도 때로는 판사별로 가지고 있는 가치관이나 기준이 사뭇 다른 것을 알고 놀랄 때가 적지 않다. 어떤 판사는 폭력범죄보다 재산범죄를 엄벌해야 한다고 생각하는 반면 어떤 판사는 정반대로 생각하고 있다. 어떤 판사는 자수성가를 한 사람은 돈에 굶주려 있어서 재산범죄를 저지를 가능성이 높다고 믿는 반면 어떤 판사는 돈이 많은 사람들이 돈 맛을 잘 알아서 돈 욕심이 더 많다고도 한다. 어떤 판사는 강자가 약자를 손쉽게 억압하고 조종할 수 있다고 보고, 어떤 판사는 그것은 약자가 자기 이익을 위해 강자에게 동조해주는 측면이 있기 때문이지 의지만 있다면 약자도 강자의 영향력에서 벗어날 수 있다고 본다. 어떤 판사는 인간이 환경에 절대적으로 지배받기 때문에 범죄를 저지른다고 보고 어떤 판사는 자유의지로 범죄를 저지르는 부분이 더 크다고 본다. 어떤 판사는 여성이 사회적 약자라서 남성에게 쉽게 지배당하므로 위력에 의한 간음죄를 폭넓게 인정해야 한다고 보는 반면, 어떤 판사는 요즘 직장에서 당하고도 아무 소리 못하는 여성은 소수이고 남성에게 여성이 쉽게 지배당한다고 보는 것은 오히려 여성을 무시하는 시각이라고 본다.

나 역시 편견에서 자유롭지 않다. 숱한 편견을 가지고 있어서, 사람을 놓고 판단을 하는 것이 어려운 것이 아니라 판단을 하지 않는 것이 어려울 정도다. 어떤 사람의 겉모습이나 행동을 보면 고정관념들이 팝콘처럼 툭툭 튀어오른다. 살면 살수록 그런 편견들이 나도 모르는 사이에 내 속에 가득 스며들게 되었다. 그 근거를 따져보면 박약하기 이를 데 없다. 이런 근거 없는 편견들은 드라마나 소설 속 주인공의 모습을 보고 습득한 것일 수도 있고, 성장 과정에서 주변 어른들에게 들은 내용이 그대로 뇌리에 박힌 것도 있고, 법정에서 사건을 처리하면서 얻은 것도 있다.

재판 과정에서 피고인이나 검사나 변호사나 당사자들의 말을 주의 깊게 들으면서 내 마음이 그에 동의하고 있는지, 동의하지 않고 있는지를 가만히 관찰해보면, 내가 가진 편견들도 발견할 수 있다. 쇄빙선처럼 그 편견의 얼음을 깨는 것도 판사가 사건과 피고인을 판단하느라 고민하면서 얻는 유익과 즐거움 중 하나다. 사진사가 피사체를 놓고 자신의 위치와 방향을 이리저리 바꾸어가면서 피사체를 보기에 가장 좋은 각도를 찾아내려는 것처럼, 한 사건을 볼 때에도 내 기존 입장에만 안주하지 말고 여러 입장을 옮겨 다닌 후에야 최종 사진을 찍어야 한다.

하나의 시선이 아니라 여러개의 시선을, 다시 말해서 '복안(複眼)'을 가져야 한다. 눈이 하나가 되는 순간 원근감도, 균형감도 상실하게 된다. 복안을 유지하려면 내 앞에서 다른 의견을 내는 사람의 의견을 무시해서는 안 된다. 자기 고집이 그토록 강했던 불세출의 프랑스 철학자 볼떼르도 이렇게 말했다. "나는 당신이 한 말에 동의하지 않는다. 그러나 당신이 그렇게 말할 권리를 위해 목숨을 걸고 싸울 것이다."

그러나 아무리 편견을 극복하려고 노력해도 손바닥이 손등을 바라볼 수 없듯이 내 자신이 어떤 편견을 가지고 있는지는 온전히 알기 어려운 법이다. 나 역시 숱한 편견에 휩싸여 있으면서도, 그래서 남들에게 불쾌감을 주면서도, 그런 사실조차 모르고 있는 부분이 많을 것이다. 내가 법복을 벗고 행정부에서 기존과는 완전히 다른 일을 시작한 지 일년 반 정도 지났다.

재판을 하던 입장에서 재판을 받는 입장으로, 갑에서 을로, 힘이 강한 기관에서 힘이 약한 기관으로 이동하면서 기존과는 입장이나 시각이 판이하게 달라졌다. 우리 팀은 팀원들의 배경이나 출신도 다양하다. 육·해·공군, 국방부, 조달본부, 통일부, 환경부, 총리실, 공정거래위원회, 기상청, 서울시, 도청, 군청, 삼성, 엘지, 증권회사 등에서 일하다가 온 사람들이다. 학교에서 전공한 분야도 공학, 회계, 경제, 법, 자연과학 등 다채롭다.

이런 사람들과 함께 매일 같이 지내다보니 주변에 대부분 법대 출신이고 법대가 아니더라도 거의 문과 출신이었던 판사 때와 생각하는 것이 달라질 수밖에 없다. 이사를 하면서 비로소 집안 곳곳에 오랫동안 숨어 있던 먼지뭉치를 발견하는 것처럼, 입장이 바뀌니 내가 판사 때 가지고 있던 편견의 뭉치를 숱하게 발견하게 되었다. 법복을 벗은 뒤 지난 일년 반 동안 판사가 어떤 태도와 자세를 가져야 하는지에 대해서 지난 십여년 판사 생활을 할 때보다 더 구체적으로 생각하게 되었다.

근본적으로 내가 판결을 할 때 토대로 삼는 '보편적 상식'이라는 것도 인류의 역사를 생각해보면 신뢰할 수 있을지 의문이 들 때가 많다. 우주의 역사를 일년 달력에 비유한 칼 세이건에 따르면, 문자로 기록된 인류의 역사는 12월 31일 밤 11시 59분 46초에야 겨우 시작된다. 그러니 나와 법원이 지금 상식이라 믿는 것들이 어찌 '보편적'이라 장담할 수 있겠는가. 게다가 지구는 시속 1,700킬로미터로 자전을 함과 동시에 시속 11만 킬로미터로 공전하고 있다. 태양계 전체는 우주의 중심을 80만 킬로미터로 이억년에 한번 공전한다. KTX보다 삼천배 빠르게 움직이고 있는데, 어찌 세상이, 사람들이, 내 자신이, 그 속에 흐르는 생각과 마음이 변하지 않을 수 있겠는가.

# 12

# 같은 것을
# 같게,
# 다른 것을
# 다르게

## 정의의 여신상

정의의 여신상이라고 하면 천으로 눈을 가린 채 한 손에는 칼을, 한 손에는 저울을 들고 서 있는 여신을 떠올리는 사람들이 많다. 그러나 정의의 여신상은 종류가 다양하다. 눈가리개 없이 두 눈을 뜨고 있는 여신이 있는가 하면 서지 않고 앉아 있는 여신도 있고, 칼만 들고 있거나 반대로 저울만 들고 있는 여신도 있다.

정의의 여신의 원조는 그리스 신화에 나오는 디케다. 제우스는 율법의 여신 테미스와의 사이에서 세 여신을 낳았다. 그들이 각각 디케(정의의 여신), 에우노미아(질서의 여신), 에이레네(평화의 여신)다. 디케가 로마 신화에서는 '유스티티아'(Justitia)로 바뀌었다. 유스티티아가 영어 'Justice'(정의)의 어원이 된다.

초기의 디케상은 저울 없이 긴 칼만 들고 있었다. 디케는 정의를 훼손하는 무리에게 재앙을 내렸는데 긴 칼이 바로 그 응징의 상징이다. 그러다 유스티티아상에 이르면 칼과 함께 저울도 들게 된다. 그후에는 아예 칼 없이 저울만 든 정의의 여신상이 나오기 시작했다. 지금 우리나라 대법원에 있는 정의의 여신상도 한 손에는 저울을, 한 손에는 칼이 아닌 법전을 들고 있다.

정의의 여신상 소품을 보면, 정의의 핵심이 '칼'에서 '저울'로 이동해왔음을 알 수 있다. 오늘날 가장 널리 통용되는 정의(正義)의 정의(定義)도 "같은 것은 같게, 다른 것은 다르게"로, 칼보다 저울에 방점을 찍고 있다. 저울은 형평을 따지는 일을 상징한다. 여기서 말하는 형평이란 개인과 개인 사이에서, 개인의 자유와 사회의 법질서 사이에서, 구체적 타당성과 법적 안정성 사이에서, 현실과 이상 사이에서 균형을 잡는 것이다.

정의의 핵심이 응징에서 형평으로 이동한 지 오래됐음에도 우리 사회에서는 여전히 정의를 저울이 아니라 칼로만 이해하는 사람들이 많다. 정의의 핵심을 칼이라고 보게 되면 '정의'를 '불의'의 반대말로만 이해하고, '불의'를 칼로 베는 것만 중시하게 된다. 이 경우 저울질은 불필요해지고 결국 우리 편은 '정의', 남의 편은 '불의'가 되기 십상이다. 저울 없이 행하는 칼질은 폭력일 뿐이고, 기울어진 저울로 하는 자의적 저울질은 정의를 사칭한 불의일 뿐이다.


## 정의란 무엇인가

정의란 무엇인가? 사람들은 정의가 어느 깊은 동굴에 숨겨진 빛나는 보석처럼 절대적이고 유일무이한 그 무엇이라고 여기고 싶어한다. 하지만 사실 오늘날 정의는 지극히 상대적이고 파편적이다. 중세 유럽과 같이 신이 지배하던 사회에서는 신이 곧 정의였다. 신의 뜻에 부합하는 길이 정의이고 그에 반하는 길이 불의였다. 사람들이 생각하는 정의가 서로 같았다. 그러나 니체가 일찍이 "신은 죽었다"라고 선포했듯, 신 중심의 사회는 끝났다. 인간은 저마다 각자 정의라고 생각하는 것을 정의라고 주창하고 그에 따른 삶을 추구할 수 있게 되었다.

오늘날 정의는 사람들마다 다르다. 어떤 사람들은 능력이 더 뛰어난 사람이 더 많은 보수를 받는 것을 정의롭다고 생각하지만, 어떤 사람들은 능력을 비롯해 타고난 어떤 자질로 보수에 차등을 두는 것은 차별이라고 한다(정우성이나 장동건이 받은 대우와 내가 받은 대우의 차이는 정의로운 것인가).

그것은 다시 말해서 절대적이고 객관적인 정의가 없다는 뜻이다. 유발 하라리의 책『사피엔스』를 보면 인류는 현실에는 존재하지 않는 '인권'과 같은 좋은 개념을 상상력으로 만들어냈다. 정의도 마찬가지다. 완벽한 정의란 현실에서 성취될 수 없는 것이기에 그만큼 사람들은 '정의'를 갈망하는 것일지 모른다. 정의에 대한 그 간절한 소망이 '신'을 만들어냈을 수도 있다.

우리나라 사람들에게 정의란 '억울하지 않은 것'에 가까운 것 같다. 억울함은 주로 차별에서 비롯된다. 법을 지켰다거나 어겼다는 것 자체가 문제가 아니다. 같은 일을 했는데 남들에게는 뭐라고 하지 않는데 나한테만 뭐라고 하면 억울해진다. '억울함'은 감정이다. 감정 중에서도 가장 강력하다. 그래서 한국의 정치인들은 선거철에 유난히 차별과 정의를 입에 올린다.

민주주의의 장에서는 정의 외에도 다양한 의제가 논의될 수 있지만, 한국 사회에서는 유독 정의와 관련된 이슈가 흡인력이 강하다. 그 많은 각자의 정의 중에서 무엇이 당대 사회의 지배적인 정의가 되는가가 정치의 틀에서 논의되고 선거를 통해 우열이 결정된다.

민주주의는 대화와 타협이 핵심이다. 그러나 정의의 문제에서는 대화와 타협이 어려워진다. 자신이 생각하는 정의에 반하는 것은 불의가 되고, 불의와는 타협할 수 없다고 생각하게 된다. 그러니 한국 사회에서는 과격하고 선명한 입장을 가진 쪽이 보다 정의로워 보인다. 중도적 입장이나 사안별로 타협책을 찾는 입장은 정의롭지 못한 기회주의처럼 인식된다. 역사가 발전하며 정의의 중심이 칼에서 저울로 이동한 것처럼, 우리 사회도 정의가 절대적 개념이 아니라 상대적 개념이라는 것을 받아들일 때가 되었다고 생각한다.


## 횡단보도 위의 정의를 꿈꾸며

정의는 결코 거창한 것이 아니다. '악마는 디테일에 있다'라는 말이 있듯이, 천사도, 정의도 디테일에 있다. 가령 나는 우리 사회가 '횡단보도 질서'만 바로 잡혀도 훨씬 더 성숙해질 수 있다고 믿는다. 도로교통법상 횡단보도에서는 보행자가 우선이다. 자동차는 보행자보다 강자다. 갑을로 따지면 갑이다. 힘으로 밀고 들어가면, 다시 말해서 '갑질'을 하면, 보행자는 죽음의 위협을 느끼고 물러나야 할 수밖에 없다. 그래서 법은 신호등이 없더라도 횡단보도에서는 약자인 보행자를 우선하도록 규정하고 있다. 이에 따라 자동차가 횡단보도 앞에서 멈추어 설 때 법치주의와 약자 보호라는 인류의 멋진 관념적 발명품이 작동하는 것이다.

법이 약자를 위해 존재한다는 말은 이런 차원에서다. 재판에서 약자가 무조건 이겨야 한다는 뜻도 아니고, 법에서 특정 약자들을 무조건 보호해야 한다고 규정하는 것도 아니다. 누구나 약자의 입장에 처할 수 있는데, 그때 강자가 약자를 힘으로 마구 짓누르지 못하도록 법이라는 장치를 설정해둔 것이다.

그러나 우리나라 횡단보도 위의 현실은 그렇지 않다. 횡단보도 앞에서 스스로 멈춰 서는 운전자는 그리 많지 않다. 보행자가 위험을 무릅쓰고 건너기 시작해야 비로소 자동차가 마지못해 멈추어 선다. 그렇게 불안감을 느끼면서 횡단보도를 건널 때마다 나는 내 아이들의 안전이 불안해진다. 아이들이 학교에서 받아온 알림장에 일순위로 적힌 글이 '차 조심'이다. 왜 아이들이 차를 조심해야 하는가. 차가 아이들을 조심해야 하는 것 아닌가. 선진국에서는 횡단보도에서 보행자가 길을 건너려 할 때 자동차가 먼저 지나가는 것은 위법일 뿐만 아니라 몰지각하기 그지없는 행위로 통한다.

횡단보도에서조차 도로교통법을 무시하고 힘이 센 운전자가 힘이 약한 보행자를 위협하면서 지나다니는 나라에서, 갑질이 없고, 소수자가 보호되고, 법이 지켜지는 문화가 과연 정착될 수 있을지 심히 의문스럽다.

## 형사법정의 저울질

형사재판에서 대표적인 저울질은 양형(量刑)이다. 양형은 피고인이 받을 형을 정하는 작업을 말한다. 유무죄를 판단하는 것보다 더 어렵다. 유무죄 판단은 유죄 아니면 무죄다. 그러나 양형을 할 때에는 징역 6월인지, 8월인지, 10월인지를 정확히 적중시켜야 한다(객관식 시험과 주관식 시험의 차이라고 할까). 피고인이 자백하는 사건이든 부인하는 사건이든 모든 사건에 대해서 판사는 양형 판단을 회피할 수 없다.

사실확정, 유무죄 판단, 그리고 양형. 단계별로 판사들이 받는 스트레스가 적지 않다. 이런 스트레스 때문에 형사재판은 판사들 사이에서 별로 인기가 없다. 해마다 연초에 판사들이 사무분담(민사, 형사, 행정 등의 재판 구분) 희망원을 내면 법원장이 이를 결정하는데, 형사는 늘 민사, 행정에 비해 선호도가 뒤로 밀린다. 나 역시 마지막 재판을 맡은 일년 내내 무거운 이불을 덮고 누워 있는 것처럼 가슴이 늘 무거웠던 것도 주로 이 양형 때문이었다. 판단의 갈림길 앞에 설 때마다 주저하거나 미적거리거나 안절부절 못하거나 이리저리 비틀거렸다. 잠자리에 들어서도, 출근길 자동차 안에서도 징역 8월이 맞는지, 10월이 맞는지를 두고 줄곧 고민했다. 원치 않아도 나도 모르게 고민을 하고 있었다. 의사는 환자의 병을 모르면 큰 병원에 가보라고 할 수 있지만 판사는 남에게 판단을 미룰 방법도 없다.

　고백건대 끝내 결론에 확신을 가지지 못한 상태로 시험 종료 벨에 쫓겨서 시험 답안지를 서둘러 쓰고 제출하는 수험생처럼 판결을 한 적도 종종 있었다. 그런 판결들은 대부분 더 오래 생각한다고 해서 확신이 들 수 없는 문제들이긴 하다. 세미나나 인터넷에서 사회 정의에 관한 거대 담론을 벌이는 것을 세계대전을 상정한 전쟁 시뮬레이션 게임이라고 치자. 그에 비하면 내가 법정에서 직접 만난 사람을 놓고 재판을 하는 것은 한없이 사소한 단 한건의 범죄에 대한 것이지만, 떨리는 가슴을 부여잡고 소총을 들고 직접 총을 쏘고 그 결과에 대해서 윤리적 책임을 져야 하는 실전과 같다.

　양형기준표가 있지만 사실 큰 도움이 되지 않는다. 가령 '징역 6개월에서 2년 사이'와 같이, 제시된 기준의 폭이 너무 넓기 때문이다. 그중에서 징역 6월을 할지, 8월을 할지, 10월을 할지에 대해서는 가르쳐주지 않는다. 이런 문제에 대해서 양형기준을 보다 더 정밀하게 세워두면 되지 않겠느냐고 하겠지만, 막상 기준을 세우려 시도하면 쉽지 않음을 깨닫게 된다. 인간사의 복잡다단함 때문에 여러가지 요소를 서로 비교해서 경중을 말하는 것이 근본적으로 어렵기 때문이다.

　나 자신도 분명한 기준을 가지고 있지 못하다. 어떤 기준을 가졌다가도 그 기준이 자꾸만 변하곤 한다. 가령 나이가 들수록, 경력이 쌓일수록 피고인에게 선고하는 형량이 약해진다. 예전 같으면 징역 1년을 선고했을 사건에 징역 8월을 선고하고, 실형을 선고했을 사건에 대해 집행유예를 선고하고, 집행유예를 선고했을 사건에 대해 벌금형을 선고하는 식이다.

경력이 짧던 판사 시절에는 선배 판사들이 선고하는 형량이 약한 것이 불만이었다. 나쁜 짓을 한 사람들을 더 엄하게 처벌하지 않으니 법질서가 제대로 서지 않는 것이라며 비판하는 마음도 있었다. 피고인들의 범죄를 보면 분노가 일었고 그 분노를 정의감이라 착각했다. 판결을 통해서 그런 분노를 화염방사기처럼 방사하는 것이 정의를 구현하는 일이라 착각했다. 그 분노가 내 무의식에 잠복하고 있는 트라우마나 피해의식에서 비롯되었을 수도 있다는 것을, 혹은 나를 둘러싼 모든 것이 반듯하게 제 자리를 잡아야만 직성이 풀리는 모범생 특유의 완벽주의적 강박에서 비롯되었을 수도 있다는 것을 미처 의심하지 못했다.

십여년 전 살인미수죄 사건을 재판한 적이 있었다. 피고인은 이십대의 젊은 여자인데 남자친구가 자기를 떠나려고 한다는 이유로 식칼로 남자의 배를 찔렀다. 피해자는 당시 극도의 공포를 느꼈다면서 피고인의 처벌을 강력하게 원하고 있었다. 피고인은 전과가 전혀 없는 초범이었고 잘못을 인정하고 반성하고 있었다. 무엇보다 가장 큰 특징은 피고인이 말을 못하는 장애를 가진 사람이었다는 점이다.

그녀는 법정에서 원통한 마음을 말로 표출하려고 하였지만 실제로는 신음소리와 울부짖는 소리만 흘러나왔다. 법정에서 직접 마주하니 가슴이 저미도록 그녀가 측은해 보였다. 애인이 별안간 헤어지자고 하는데 말로 섭섭함과 배신감, 분노와 불안을 표현하지 못하는 처지이다보니 남들보다 더 극단적인 행동으로 감정을 표출했을 것이다. 그녀는 지적 능력이나 교육 수준도 일반적인 수준보다 낮았다.

그러나 그 모든 사정에도 불구하고 사람이 사람을 칼로 찔러 살인미수죄가 인정되고 피해자가 처벌을 원하고 있는 마당에 집행유예를 내릴 수는 없다고 생각했고, 결국 실형을 선고했다. 집행유예는 피해자가 합의를 해주고 처벌을 원하지 않는 경우에나 검토할 수 있는 것이 원칙이라고 생각했다.

지금도 나는 머릿속으로 따지자면 그 사건에 실형을 내린 것이 옳았다고 생각한다. 그러나 그때와 달리 지금은 집행유예가 잘못된 판결이라고까지는 생각하지 않는다. 그때 그냥 마음이 가는 대로 집행유예를 하는 것이 더 좋은 판결이 아니었을까 하는 생각이 왕왕 들곤 한다. 이런 내 생각과 마음에 모순되는 지점이 있다는 것을 안다. 머리와 가슴이 분열될 때 머리를 따를지 가슴을 따를지 아직도 명확한 답을 찾지 못했다.

나이가 들고 경력이 쌓일수록 형량이 약해지는 데에는 여러 가지 원인이 있을 것이다. 그중 하나는 인간의 고결함과 위대함에 대한 기대가 없어지기 때문이다. 나는 인간이 그렇게 고결하다거나 선하다거나 위대하다고 생각하지 않는다. 물론 간혹 그런 인간이 출현하기도 하고, 이런저런 여건이 맞아서 그런 업적이 성취되기도 한다. 그러나 대부분 인간은 그저 그렇다. 나쁘다기보다는 유약하다. 지식과 지혜를 배우는 데 너무 오랜 시간이 걸리고, 젊음은 너무 빨리 지나가버린다. 몸도 정신도 약하다. 그래서 자신의 입지가 불안해지면 악한 일도 서슴없이 저지를 수 있다.

한해 동안 마지막 재판을 맡기 직전, 나는 네덜란드의 구유고슬라비아 유엔국제형사재판소(ICTY, 이하 유엔국제형사재판소)에서 재판연구관으로 파견근무를 했다. 우아하고 품격 있는 유엔국제형사재판소 건물 안에는 인간이 인간을 처참하게 도륙한 사건 기록이 끝없이 쌓여 있었다. 학교 교실만 한 공간에 수백명을 빽빽하게 밀어넣고 식량도 용변도 허용하지 않아서 목이 마른 사람들이 차오른 오줌을 마신 사건, 며칠 동안 때리거나 성폭행을 하며 피해자들을 모조리 죽인 사건, 포크레인으로 파낸 커다란 구덩이 앞에 사람들을 세워놓은 뒤 총을 쏘아대서 수백에서 수천구가 넘는 시체가 담긴 구덩이가 여러개 발견된 사건, 버스에 사람들을 몰아넣은 채 밖에서 기관총을 난사한 사건. 그렇게 죽은 사람들의 수가 이십만명이 넘었다. 그것도 전쟁이 터지기 직전까지만 해도 이웃으로, 친구로, 지인으로 지내던 사람들끼리 민족이 다르다고, 정치성이 다르다고 서로를 밀고하거나 직접 죽였다. 그 사건들을 보고 있으면 죽은 자에게나 죽인 자에게나 살아남은 자에게나 앞으로도 집단적 살육을 반복할 공산이 큰 인류 전체에게나, 짧은 인생과 죽음의 숙명이 차라리 다행으로 여겨질 정도였다.

이렇게나 흉폭해질 수 있는 것이 인간의 본성이다. 그러므로 만성난치병에 걸린 환자처럼 그 본성을 달래가면서, 본성의 끔찍한 면이 크게 악화되지 않도록 관리하면서 살아가는 정도가 인간으로서는 꽤 훌륭한 게 아닌가 생각하게 되었다. 물론 나 자신을 포함해서.

형량이 약해지는 것은 어쩌면 점차 나 자신을 피해자보다 피고인에게 투사하고 있기 때문인지도 모른다. 처음에는 불의가 가득한 세상에서 나만은 정의의 관점에서 순결하고 앞으로도 평생 순결을 지키며 살아갈 수 있을 줄 알았다. 살아온 날들이 점점 더 많아지면서 나 역시 잘못 처신하는 일들이나 남에게 상처를 주는 일들이 많아지다보니, 내 가슴속 법정에서 나 자신이 피해자석에서 피고인석으로 한발자국씩 옮겨간 모양이다.

피고인들을 한명씩 재판할 때마다 내 마음속에는 평행우주처럼 또 다른 법정이 병렬적으로 열리곤 했다. 그 법정의 피고

인석에는 옥색 수의를 입은 내가 앉아 있다. 실제 법정에서 판사석에 앉아 피고인의 죗값을 천칭에 올려 저울질할 때마다, 천칭의 반대편에는 마음속 평행법정 피고인인 나 자신의 죗값을 올려놓고 형량해본다. 어느 피고인의 죗값이 더 무거운가를.

영어 관용구 중에 "그것은 사과와 오렌지의 관계와 같다"는 표현이 있다. 어느 쪽이 더 가치 있다고 말하기 어렵다는 뜻이다. 사실 사과나 오렌지는 닮은 구석이 많다. 그러나 사과가 좋은지, 오렌지가 좋은지는 취향의 문제일 뿐이다. 물론 사과와 오렌지의 시장가격이 형성되어 어느 한쪽이 더 비쌀 수도 있지만 그 시장가격도 사람들의 선호를 반영한 것일 뿐 본질적으로 어느 과일이 더 가치 있다고 할 수 있는 건 아니다.

가령 나는 재산죄, 폭력죄, 마약죄 사이에는 그 불법성에 본질적인 서열 차이가 있다고 생각하지 않는다. 마치 사과와 오렌지에 제각기 다른 시장가격이 형성되듯이, 그 시대 다수의 국회의원들이 법정형을 결정한 범위 내에서, 그 시대 다수의 판사들이 정한 기준에 따라 형량이 결정된다고 생각한다.

법철학에서는 법관의 역할에 대해 크게 두가지 시각이 존재한다. 하나는 법관은 이미 존재하는 법의 정신과 죄의 무게를 있는 그대로 발견해서 집행하는 것뿐이라는 것이다. 다른 하나는 법규정은 추상적이고 모호할 수밖에 없기 때문에 사실상 법관이 자신의 가치관에 따라 법을 형성해나가게 된다는 것이다.

명백하게 불법성의 정도에 차이가 있는 죄들에 있어서는 전자의 법관의 역할이 작동하겠지만 사과와 오렌지의 관계에 있는 죄들에 있어서는 후자의 법관의 역할이 발휘되는 것이다.

예를 들어보자. 남을 때려서 전치 2주의 상해를 가한 사람보다 전치 4주의 상해를 가한 사람을, 필로폰 0.2그램을 투약한 사람보다 0.4그램을 투약한 사람을, 200만원짜리 물건을 훔친 사람보다 400만원짜리 물건을 훔친 사람을 각각 더 무겁게 처벌해야 한다는 것에 대해서는 누구나 동의할 것이다. 그러나 이를 조금만 비틀어도 상당히 어려운 문제로 둔갑한다. 즉, 필로폰 0.2그램을 투약한 사람과 타인에게 전치 2주의 상해를 가한 사람과 200만원짜리 물건을 훔친 사람 중에는 누구를 더 무겁게 처벌해야 하는가.

현재 재판 실무상으로는 필로폰 0.2그램을 투약한 사람이 가장 무거운 처벌을 받는다. 초범이라면 통상 징역형에 집행유예를 받겠지만 실형을 받는 경우도 드물지 않다. 절도죄의 경우에는 초범이면 벌금형도 많지만 상습으로 인정되면 형이 무거워진다. 언론에 라면 한 박스 훔쳤다고 징역 몇년에 처해졌다고 보도되는 것은 십중팔구 피고인에게 절도 전과가 여럿 있어서 상습성이 인정된 경우다. 이 경우 법은 최하 징역 3년의 징역형을 규정해놓았기 때문에 판사가 선처를 하고 싶어도 할 수 없다. 한편 남을 때려서 전치 2주의 상해를 가한 경우에는 통상

100만원 안팎의 벌금형에 처한다. 피해자와 합의하면 처벌이 더더욱 경미해진다. 상해진단서가 없는 단순폭행죄는 이른바 '반의사불벌죄(피해자의 의사에 반해서 처벌할 수 없는 죄)'이므로 피해자와 합의만 하면 처벌 자체가 아예 불가능하다.

나도 이러한 경향을 따라서 판결했지만 사실 개인적으로는 앞에서 제시한 세가지 범죄 중에서 폭행죄를 가장 엄하게 처벌해야 한다고 생각한다. 필로폰 투약은 적어도 그 자체로는 남에게 피해를 주지는 않는다. 드라마 「슬기로운 감빵생활」에 나오는 '해롱이'는 '뽕쟁이'라고 비난하는 동료들에게 "내 경우는 가해자는 오른손이고 피해자는 왼손이야. 나는 누구에게도 피해를 주지 않았어"라고 해롱해롱하며 대꾸한다. 필로폰 투약이 확산되면 사회적으로 큰 문제를 일으키지만, 이는 투약보다 필로폰 판매를 엄벌에 처함으로써 해결해야 한다.


## 참을 수 없는 폭력의 가벼움

절도죄와 상해죄의 경중도 보는 사람의 가치관에 따라 다르게 평가된다. 내가 갓 판사가 되었을 때 십년 선배 판사가 이런 조언을 해주었다. 사람이 맞아서 생긴 상해는 시간이 지나면 아무는 반면 도둑놈이 가져간 돈은 시간이 지나도 다시 생기지 않으므로 재산죄를 폭력죄보다 훨씬 더 엄벌에 처해야 한다는 것이다.

그러나 그때나 지금이나 나는 이 말에 동의할 수가 없다. 적어도 내 경우에는 돈 이백만원이 도난당한 것은 언젠가 잊을 수 있지만 폭행당한 것은 잊기 어렵다. 나는 우리 사회에 폭력이 너무나 만연하다고 생각한다. 내 또래는 다들 학교 다닐 때부터 교사, 선배, 동기가 물리적 폭력을 행사하는 것을 심심찮게 목격하면서 자랐다. 나도 학창 시절에 교사가 교실에서 학생들에게 주먹질, 발길질을 하거나 동기들끼리 무기를 휘두르며 조폭을 방불케 하는 살벌한 싸움을 하는 것을 심심찮게 지켜보면서 컸다. 군대에서 폭력을 겪은 사람은 셀 수도 없다. 회사에 들어가서도 군기 잡기용 폭력, 괴롭힘, 성희롱 등을 당한 사람이 허다하다.

나는 심지어 사법연수원에서도 폭행을 당한 적이 있다. 들어가자마자 열린 회식 자리에서 반총무가 군기를 잡는답시고 조총무인 나를 불러내 다짜고짜 내 정강이를 걸어찼다. 놀라고 황당해서 쳐다보았더니 폭력은 전혀 문제되지 않는다는 듯 "왜, ○대 나왔다고 무시하는 거냐?"라는 말이 돌아왔다. 영화, 드라마, 시사 프로그램에서도 끔찍한 살인과 폭력이 적나라하게 묘사된다. 엊그제 방송에서는 한 남성이 자신의 조카를 잔인하게 폭행해서 죽인 사건이 심층적으로 보도되었다. 얼마 전

식당에서 점심을 먹다가 본 뉴스에서는 러시아의 어느 아버지가 어린 자식을 무차별적으로 걷어차는 장면도 여과 없이 보여주었다. 굳이 그렇게 선정적인 장면을 보여줄 필요가 있는지, 그런 장면이 뉴스로서의 공익적 가치가 얼마나 있는지 의문이다. 이렇게 폭력을 무수하게 접하는 사회에서는 어린 학생들이 잔인하게 친구를 때리는 일이 일어나지 않는 것이 오히려 이상한 것이다.

나는 피해자에게 미치는 피해의 정도를 보나 사회적 악영향의 정도를 보나 폭력범죄를 지금보다 훨씬 더 엄벌해야 한다고 생각한다. 밀고 당기는 정도의 몸싸움은 몰라도 주먹질, 발길질을 하거나 물건을 집어던지면 집행유예를 붙이더라도 원칙적으로 징역형에 처해야 한다고 생각한다. 폭행죄의 '반의사불벌죄' 규정도 폐지해야 한다.

그러나 내가 개인적으로 이렇게 생각한다고 해서 폭력범죄를 다른 판사들보다 엄벌에 처할 수 있었던 건 아니다. 폭력범죄 수가 워낙 많아서 그 굵은 폭포수 같은 관행의 물줄기를 막을 엄두가 나지 않았을 뿐더러, 다른 판사를 만난 폭력범은 선처를 받는데 오직 나를 만난 사람만 엄벌을 받는 것은 "같은 것은 같게, 다른 것은 다르게"라는 정의의 원칙을 거스르기 때문이다. 디케의 저울을 통과하기 전에 칼을 휘둘러선 안 되기 때문이다.

같은 폭행 사건이라고 하더라도 자세히 살펴보면 그 양상이 제각각 다를 때가 많다. 이런 사건이 있었다. 직장의 선후배가 서로 사이가 좋지 않았다. 덩치가 큰 후배가 신입 사원으로 회사에 들어왔는데, 다른 동료들이 모두 정장 차림으로 일하는 것을 보고도 운동화에 캐주얼복을 고집했다. 체구가 작은 선배가 복장을 갖추어 입으라고 후배에게 주의를 주자 그 후배가 왜 복장까지 참견을 하느냐고 선배에게 반박했다. 이런 일들이 여러차례 반복되면서 선후배 사이에 앙금이 생겼다.

그러던 어느날 회식 자리에서 선배가 버릇없이 굴지 말라고 주의를 주자 후배가 자기는 유도를 오래 했다면서 한판 붙자고 했다. 화가 난 선배는 "좋다, 한판 붙자"고 하면서 대신 다치더라도 고소해서는 안 된다고 말했다. 후배는 그것은 내가 할 소리라고 맞장구치면서 '얻어맞더라도 울거나 고소하거나 돈을 달라고 해서는 안 되는 것'으로 합의했다. 결국 두 사람은 밖으로 나가서 골목에서 싸움을 벌였다.

그런데 의외로, 체구가 작은 선배가 유도를 했다고 자랑하던 후배를 온 얼굴이 퉁퉁 붓도록 흠씬 두들겨 팼다. 그 선배는 권투를 오래 했다고 한다. 후배는 입원을 하고 자신의 온몸을 촬영한 다음 선배를 형사고소해서 내가 재판을 하게 된 것이다.

여기서 문제는 '서로 폭행해서 다치더라도 고소하지 않고 배상청구를 하지 않기로 합의한 것을 어떻게 볼 것인가'이다.

물론 법적으로는 이러한 합의는 사회상규에 반하는 법률행위로, 무효다. 그렇다고 이런 약속을 전혀 고려하지 않고 여타 폭행사건과 똑같이 취급해야 하는가? 아니면 이런 약속을 통해서 피해자가 가해자를 도발하였거나 자신이 어느 정도 폭행당하는 것을 승낙한 것으로 보아서 가해자의 처벌을 조금 경감해주어야 옳은 것인가?

## 누구도 알려줄 수 없는 판결

양형을 할 때 가장 도움이 되는 것은 다른 판사들의 판결례다. 법원에는 전국 판사들의 판결들이 등록되어 있어서 언제든 검색이 가능하다. 유사한 키워드를 넣고 찾아보면 내가 고민하고 있는 사건에서 다른 판사들은 어느 정도의 형을 내렸는지를 가늠할 수 있다. 일종의 집단지성인 셈인데, 이를 통해 누가 강요하지 않았는데도 전국 판사들의 판결례가 어느 정도의 통일성과 일관성과 균형을 갖추게 된다. 허공에서도 우주의 천체들이 수많은 인력과 척력이 균형을 이루는 곳에서 일정한 궤도로 질서 있게 움직이는 모습이 연상된다.

그동안 등록된 판결이 수천, 수만건은 될 것이고 점점 더 많아지고 있는데도 놀랍게도 내가 재판하고 있는 사건과 꼭 같은 것을 찾지 못할 때가 의외로 많다. 그런 어려웠던 사건들 중 하나가 떠오른다.

영아살해죄로 기소된 어느 여자 대학생 피고인을 재판한 적이 있다. 가게에서 아르바이트를 하다가 만난 한두살 연하의 남자와 사귀다가 아이를 갖게 되었는데 이후 남자와는 헤어지게 되었다. 피고인은 임신 사실을 가족을 비롯한 누구에게도 밝히지 않고 있다가 혼자 집에서 아이를 낳게 되었다. 배는 불러오는데 허리띠를 졸라매서 배를 감추고 다니기만 하고 병원에도 가보지 않았다. 아기를 낳고 보니 덜컥 겁이 났다. 가위로 혼자 탯줄을 자른 다음 농 안에 쌓인 이불 더미 사이에 아기를 넣어놓고 며칠을 흘려보냈다. 당연히 아기는 죽었다. 일주일 뒤에 피고인은 죽은 아기를 꺼내서 쇼핑백에 담은 다음에 전 남자친구가 사는 아파트 문 앞에 놓아두었다. 그 쇼핑백을 전 남자친구의 어머니가 열어보고 경악하면서 경찰에 신고한 것이었다. 나는 그 창백하고 파란 아기 시체의 사진이 십년이 지난 지금까지도 잊히지가 않는다. 이런 사건이나 피고인이나 죽은 아기 사진을 만나면 그저 마음이 무참하게 무너져내리고, 인간이란, 생명이란, 삶이란 대체 무엇일까 하는 질문 속에서 허우적거리게 될 뿐, 적법과 위법을 따지고, 징역 몇년이 적정한지를 따지고, 실형인지 집행유예인지를 따지는 것이 허무하게만 느껴진다.

이런 사건도 있었다. 법정경위가 사건번호를 부르자 방청석에 있던 피고인이 휠체어를 타고 법대 앞으로 나왔다. 그런데 휠체어 위에는 피고인의 상체만 놓여 있을 뿐 두 다리가 없었다. 솜사탕 장수인 피고인은 솜사탕 기계가 설치된 트럭을 몰고 가다가 어두운 도로가를 걸어가던 가족 네 명을 들이받았는데, 그 자리에서 아버지와 어린 두 딸이 즉사했다. 가장 오른편에서 걷다가 혼자만 살아남은 그 가족의 어머니는 숨을 쉴 때마다 화염을 들이키는 것처럼 괴롭다고 말했다.

그런데 그 사고로 솜사탕 트럭이 벽을 들이받으면서 운전을 했던 피고인도 두 다리를 잃고 말았다. 피고인은 월세를 내기도 벅찬 형편이어서 유족에게 배상금을 지급하지도 못했다. 배상금은커녕 자기 다리 수술비도 다 내지 못했다. 가해자인 솜사탕 장수는 피해자의 모든 피해를 배상해야 하는가. 일부만 배상한다면 대체 피해액의 몇 퍼센트 정도를 배상해야 하는가. 가해자는 얼마나 처벌을 받아야 하는가. 징역 10년? 징역 5년? 징역 3년? 징역 1년? 가해자는 유족에게 얼마를 배상해야 하는가. 10억원? 5억원? 3억원? 1억원? 여기서 잠깐. 피고인이 재벌인 경우와 피고인이 가난한 경우에 배상해야 하는 금액이 달라야 하는가, 같아야 하는가. 달라야 한다면 피해자가 똑같은 피해를 입고도 가해자가 누군지에 따라서 배상을 다르게 받는 것이 정의로운가. 실제 입은 피해보다 더 큰 배상을 받는 것이 정당화되는 것인가. 아울러 사지가 멀쩡한 사람의 징역 1년과 두 다리가 없는 사람의 징역 1년을 같은 형량으로 볼 수 있는지도 고민해야 한다.

이 글만 보고 머릿속으로 가늠하는 것은 차라리 쉽다. 두 다리가 잘려나간 채 휠체어 위에 앉아서 두려운 눈빛으로 벌벌 떨고 있는 왜소한 남자를 바로 눈앞에서 마주하면 완전히 다른 문제가 된다. 그에게 의지하여 월세방에서 살고 있는 가족이 당신에게 보낸 탄원서까지 읽는다면 더더욱 마음에 묵직한 무게를 느끼게 된다. 이렇게 어려운 사람들을 감옥에 보낼 때, 나는 다리가 잘려 세개뿐인 말에게 빨리 달리지 않는다고 채찍질을 가하는 기분이었다. 그러나 그렇게라도 하지 않으면 피해자 유가족의 황망한 감정은 어찌 달래겠는가.

누구의 잘못도 아닌데 불행한 일이 닥칠 수 있다. 병에 걸리거나, 교통사고를 당하거나, 선의로 한 일에 누군가가 피해를 입었을 때 책임을 져야 할 수도 있다. 이 사건과 같이 누군가의 책임이 전혀 없다고 할 수 없지만 의도치 않게 저지른 잘못이 너무나 큰 피해를 낳았을 때도 마찬가지다. 이런 일에 누가 누구를 얼마나 원망할 수 있을까. 어떻게 해야 서로의 가슴이 가장 적게 아플 수 있을까. 큰 사고를 당하거나 병을 얻으면 병원에 가도 완치가 어렵다. 심지어 의사가 아무것도 해줄 수 없는 경우도 수두룩하다. 법도 마찬가지다. 정작 크게 억울한 사람에게 해줄 수 있는 게 없을 때가 많다. 특히 이처럼 누구의 잘못이라고만 치부하기는 어려운데 운 나쁘게 큰 피해가 초래된 경우에는 더더욱 그러하다. 그 불운으로 인한 피해를 당사자들은 서로 상대방이 배상해주기를 바라지만, 적어도 어느 한쪽은 기대와 다른 결과를 받을 수밖에 없다.

또 다른 교통사고 형사사건도 떠오른다. 가해자가 차를 타고 가다가 피해자 차를 들이받아서 조수석에 앉은 피해자의 아내가 사망했다. 그런데 가해자는 큰 회사의 주인이라서 금전적 배상은 충분히 해줄 수 있었다. 가해자가 몇억원을 제시하면서 합의를 요청했으나 피해자는 특별한 합의 조건을 내걸었다. 바로 아내를 찾아달라는 것이었다. "나는 농촌 총각이어서 결혼할 때 아내를 구하기가 너무 힘들었다. 지금은 나이도 더 많이 먹었고 재혼이니 더더욱 장가를 가기 어렵다. 아내 없이는 농촌 생활을 할 수가 없다"는 것이었다.

최근 내 주변 사람들도 누구의 잘못이라고 하기 어려운 일들로 큰 아픔을 겪었다. 젊은 나이에 큰 병에 걸리거나, 난데없는 교통사고로 몇번이나 수술을 하거나, 조직이나 윗사람이 시키는 일을 충실히 했다가 처벌을 받거나, 제삼자의 어이없는 실수로 큰 재산을 날리거나. 차라리 자기 잘못이면 자책을 하고 남의 잘못이면 부글부글 끓는 원망을 퍼부을 텐데, 이럴 땐 누구를 원망해야 하는가. 하늘을 향해 주먹질이라도 하고 싶은 심정일 것이다.

 사실은 누구의 잘못이 없어도 비극이 일어날 수 있는 것이 우리 인생이다. 그래서 부처, 예수, 쇼펜하우어 등 그 많은 현자들이 삶의 본질을 고통이라고 하지 않았던가. 그러나 막상 불행이 닥치면 사람들은 누구의 잘못도 없이 자신에게 그런 불행이 닥쳤다는 것을 받아들이지 못한다. 그래서 옛사람들이 악마를, 저주를, 한 맺힌 귀신을 만들어냈는지 모르겠다. 엄청난 사고가 나거나 큰 비극이 생겼을 때, 사람들은 그 충격을 달래기위해서라도 어떤 사악하기 그지없는 누군가가 그 비극을 의도적으로 일으켰다고 믿고 싶어 하고 그를 원망하거나 그에게 분풀이를 한다. 그러면 그 분노의 희생양이 된 당사자는 또 억울함에 가슴이 찢어질 수밖에.

 때론 살아가는 것이 한밤중에 위험한 도로가를 가족과 걷는 것처럼 불안하게 느껴지곤 한다.

# 13

## 판결
## 선고

### 내가 싼타클로스 판사라면…

선고를 하는 날 법정으로 걸어갈 때면 검은 서류철에 판결문이 아니라 비수를 품고 가는 기분이 든다. 몽둥이일지도 모르겠다. 재판을 받는 사람들도 판사가 징역 3년을 "때렸다" 징역 1년을 "때렸다"고 하지 않는가. 가해자가 피해자에게 상처를 준 만큼 판사가 가해자에게 상처를 주어야 한다. 재판 당사자들의 상처의 크기에 감히 비할 수는 없지만 그로써 판사도 상처를 받는다.

판사라고 해도, 아무리 사적인 관계가 없는 사람을 재판한다고 해도, 사람들을 무수히 감옥에 보내는 일이 달갑겠는가. 물론 정말 교활하고 나쁘기만 한 사람을 감옥에 보낼 때에는 달갑다. 그러나 대부분의 피고인들은 그렇지가 않다. 따지자면 법을 위반했으니 유죄는 맞지만 나쁜 사람이라고 할 수 없는 사람들도 많고, 나쁜 사람이지만 딱한 사람도 많다.

때로 나는 법정에서 싼타클로스 판사가 되고 싶기도 하다. 싼타 검사가 착한 일을 한 사람을 기소하면, 내가 빨간 모자를 쓰고 빨간 법복을 입고 피고인석에 앉은 착한 사람을 재판하는 것이다. 피고인의 선행이 해도 해도 너무해서 도저히 안 되겠다 싶으면, 피고인을 사정없이 루돌프 사슴 썰매에 태워 몰디브에 6개월 보내는 형을 선고하는 것이다.

사실 남의 잘못을 지적하고, 문제를 비판하고, 입바른 소리를 하고, 상처를 주는 것은 쉬운 일이다. 자기 자신이 잘못을 저지르지 않고, 문제의 대안을 제시해서 해결하고, 남에게 상처를 주지 않고, 자기에게 상처 준 사람을 참아주고 용서하는 것이 어려운 일이다. 어쩌다보니 그 쉬운 일을, 남에게 상처 주는 일을, 직업으로 매일 하게 되었다. 매일 이 일을 할 때마다 '그러면 너는 제대로 살아왔느냐, 너는 네가 말하는 그대로 실천할 수 있느냐'는 양심의 질문이 쿡, 쿡, 쿡 아프게 나를 찔러대곤 한다.

## 진짜 법정에는 망치가 없다

법정에 들어서면 피고인들과 그 가족이 법정을 가득 메우고 있다. 팽팽한 긴장감이 감돈다. 나는 우리 가족이 사소한 응모에 당첨되었는지를 확인할 때에도 떨린다. 하물며 판사의 판결에 따라 피고인이 유죄일지, 무죄일지, 감옥에 갈지, 감옥에 있다가 풀려날지 결정되니 피고인과 그 가족이 어찌 긴장하지 않을 수 있겠는가.

판사가 피고인을 부르면 피고인이 법대 앞으로 나와서 선다. 판사와 피고인 사이의 거리는 서너걸음밖에 되지 않지만 심리적 거리는 한강을 사이에 둔 것처럼 멀다. 판사에게 법정은 일상의 일터이지만 피고인에게 법정은 북극만큼 춥거나 사막처럼 뜨거운 곳이다.

판사는 피고인에게 판결의 이유를 간략하게 설명해준다. 판결문의 한 대목을 읽어주기도 한다. 선고를 하는 동안 재판장을 빤히 쳐다보는 피고인들도 적지 않지만 차마 쳐다보지 못하고 고개를 푹 숙이고 있는 피고인들이 더 많다.

판결문의 주문은 "피고인을 징역 1년에 처한다"는 식으로 천천히 또박또박 낭독한다. 법정 영화나 드라마 속 판사들은 판결을 선고하고 난 뒤에 반드시 망치질을 한다. 탕, 탕, 탕. 더도 말고 덜도 말고 세번씩 친다.

그러나 진짜 법정에는 망치가 없다. 진짜 검사에게 권총이 없는 것과 같다. 굳이 망치질을 하지 않아도 판사가 판결을 낭독하면 그 자체로 법적 효력이 생긴다. 심지어 판결문에 적힌 형량과 판사가 낭독한 형량이 다를 때에는 판사가 낭독한 형량이 법적으로 유효하다. 판결문에 징역 10년을 적어놓았는데 판사가 실수로 징역 1년을 선고하면 징역 1년이 되는 것이다. 판사도 사람이다보니 이런 경우가 왕왕 있다. 그러나 피고인이 너무 기뻐할 필요는 없다. 검사가 반드시 항소를 하기 때문이다.

## 선고받는 표정들

집행유예를 할 때에는 "피고인을 징역 1년에 처한다"고 한다음 "다만, 이 판결 확정일로부터 2년간 형의 집행을 유예한다"고 덧붙인다. 집행유예는 쉽게 말해서 피고인이 징역형을 살아야 하지만 몇년간 다른 범죄를 저지르지 않으면 징역을 산 것과 똑같이 취급한다는 의미이다. 실형을 받을까봐 마음을 졸이고 있던 피고인은 "집행을 유예한다"는 선고를 들으면 기뻐한다. 특히 구속되어 있던 피고인은 그 자리에서 석방이 되는 것이기 때문에 기쁨이 더하다. 집행유예는 징역형 선고 다음에 "다만…"하면서 이어지기 때문에 피고인들은 판사 입에서 "다만"이라는 단어가 나오기를 학수고대한다.

무죄판결을 선고하면 피고인들 얼굴에 화색이 가득하다. 거의 예외 없이 "고맙습니다!"라고 말하고 고개를 꾸벅 숙인다. 죄가 없어서 무죄판결을 해준 것이니 사실 피고인 입장에서는 본전인 셈이다. 아니, 죄가 없는데도 그동안 몸도 마음도 고생하고 변호사비를 쓴 것을 생각하면 손해가 이만저만이 아니다. 그런데도 무죄를 선고해서 혐의를 벗겨주면 그렇게 좋아하고 판사에게 감사해한다.

무죄판결을 선고한 것이 아니라 징역형을 선고했는데도 유난히 감사해하는 피고인들도 있다. 두번, 세번씩 감사하다며 머리를 조아린다. 인사를 한번 하면 피고인이 예의가 바르고 자존감이 높구나 싶지만, 두번, 세번 하면 내가 형량을 너무 경미하게 책정해서 판결을 잘못한 것 아닌가 하는 불안감이 든다.

표정에 판결에 대한 불만이 역력히 나타나는 피고인들도 있다. 돌아서서 긴 한숨을 내쉬면서 구금실로 들어가거나, 아랫입술을 쭉 내밀며 거칠게 한숨을 내쉬어 앞머리칼을 날리기도 한다. 어느 법정에서는 판사가 피고인에게 징역 1년을 선고했는데 판결에 불만을 가진 피고인이 욕설을 하고는 법정 문을 쾅 걷어차고 나갔다. 그러자 재판장이 곧장 다시 불러들여서 징역 2년으로 고쳐서 선고한 일이 있었다. 따지자면 법적으로 불가능한 것은 아니라고 하지만 판사나 피고인이나 지나치게 감정적으로 반응한 경우다.

재판을 하다보면 막무가내로 폭언을 하거나 감정을 분출하는 사람들을 자주 만난다. 그렇다고 판사가 맞서서 화를 내며 싸워서는 안 된다. 서로 대등한 위치에 있으면 맞서서 말다툼을 벌여도 무방하겠지만 법정에서 판사는 압도적으로 강한 위치에 있다. 인간의 존엄은 약하지만 비굴하게 행동하지 않는 것, 강하지만 힘으로 약자를 짓누르지 않는 것에서 비롯된다고 생각한다.


## 처벌을 강화하면 범죄가 사라질까

언론에 오르내린 사건에 대해 판결이 선고되면, 형이 너무 가볍다는 의견이 많다. 일반 국민들의 정서와 괴리되었다고 지적받기도 한다. 물론 그런 지적이 옳을 때도 많다. 그러나 사람들이 그 피고인에 대해서 알고 있는 정보는 대개 언론의 짧은 기사일 뿐이다. 다 읽는 데 채 일분도 걸리지 않는다. 그런 기사는 피고인 인생의 최악의 단면만을 보여준다. 그러나 피고인과 눈을 맞추고 반년 내지 일년씩 재판을 하면서 수천 페이지의 기록을 읽고 있으면, 피고인 인생의 평균을, '스톡'(stock)이 아닌 '플로'(flow)를 보게 된다. 그러면 당연히 인생 최악의 단면만 보았을 때와는 피고인의 이미지가 사뭇 다르게 느껴진다. 게다가 피고인이 선처받을 때는 십중팔구 피해자가 피고인의 처벌을 원치 않는다는 의사를 표시한 경우다. 피해자가 피고인의 처벌을 원치 않거나 선처를 원하는데, 제삼자가 강력한 처벌을 원하면서 관여하는 것이 피해자를 불편하게 만들기도 한다.

사회적으로 무슨 문제가 생기면 사람들은 처벌이 약해서 그렇다, 처벌을 강화하면 해결된다고 쉽게 말하고 또 믿는다. 그런데 엄한 형벌이 반드시 범죄의 감소를 보장하지 않는다는 연구 결과가 많다. 미국 경제학자 아이작 에를리히도 통계적 분석을 통해서 범인검거율이 높으면 범죄발생률이 유의미하게 감소하는 반면, 처벌을 강하게 한다고 해서 범죄발생률이 낮아진다는 근거는 발견할 수 없다고 했다. 사형이 무기형보다 범죄를 억제하는 데 효과가 있는가에 관한 연구 결과도 부정적으로 나온 경우가 많다. 언론에 범죄가 대대적으로 보도되면, 우리나라의 형이 미국보다 낮다고 비판하는 사람들도 많지만 미국은 오히려 강력범죄가 훨씬 더 많이 일어난다.

우리의 일상 경험에 비추어 보더라도, 잘못의 크기에 비해서 처벌이 지나치게 강하면 주변 사람들이 그 사람의 잘못을 알고도 신고하거나 처벌하기가 어려워진다. 신고하는 사람도, 처벌하는 사람도 그것이 정의롭지 않다고 생각하기 때문이다.

성매매로 기소된 탈북자들을 재판한 적이 있다. 초범이었으니 몇백만원의 벌금형을 선고할 사건이었다. 그런데 이들은 (북한에서의 형이 엄해서인지) 자신들이 적어도 징역 10년, 20년 이상은 받을 거라 생각하고 벌벌 떨고 있었다. 그러면서 자신들이 장기간 감옥에 있을 동안 자식들이 제대로 살아갈 수 있도록 가진 집과 재산을 팔아야 하니 판결선고일까지 시간을 조금 넉넉하게 달라고 탄원서를 냈다.

나는 그것을 보고 놀라서 그들이 집을 팔아치우기 전에 하루빨리 선고해야겠다 싶어서 바로 그 다음 주에 기습적으로 선고를 했다. 그런데 뒤집어 생각해보면 그들은 무려 징역 20년의 처벌을 받을 수 있다고 생각하면서도 일단 수입을 얻기 위해서 그런 범죄를 저지른 것이다.

식당에서 칼을 휘둘러 강도죄로 구속된 오십대 피고인도 좀처럼 잊히지 않는다. 그는 월세 이만원짜리 창고에서 살았다. 월세 이만원짜리 숙소가 어떨지 나로서는 상상하기 어렵다. 몇 차례 절도죄로 죗값을 치르고 교도소에서 나오니, 일하라고 받아주는 곳도 없고 건강도 좋지 않아서 일하기도 어렵고, 가족도 다 떠났고 친구도 없었다. 그날도 피고인은 배가 고픈데 밥을 사먹을 돈이 부족해서 소주를 한병 사먹고 그 좁은 집에서 잠을 자고 있었다. 그러다 생쥐가 찍찍거리면서 얼굴을 밟고 지나가는 바람에 잠이 깼는데 배가 고파도 너무 고팠다. 눈에

뵈는 것이 없어질 정도로 허기가 진 그는 근처 식당에 들어가 자마자 주방으로 들어가서 음식을 찾았다. 당연히 놀란 주인이 냄새 나는 침입자인 그를 몰아내려고 하면서 몸싸움이 일어났는데, 그는 한 손으로는 도마 위에 있던 칼을 휘두르며 다른 한 손으로는 음식을 집어먹었다. 다친 사람은 없었지만 칼을 휘두르면서 음식을 빼앗았기 때문에 강도죄가 된 것이다.

이 사람이 계속해서 절도를 하고 강도까지 하는 것은 과연 처벌이 약해서 그런 것일까. 그러면 이 사람은 어떻게 먹고살아야 하는 것일까. 전과자라고, 나이가 많다고, 교육받은 게 없다고 일을 주는 사람이 아무도 없다. 친구 한명 없다. 내가 저 사람의 입장이라고 해도 도저히 어떻게 살 수 있을지 떠오르지 않는다. 그러다가 눈앞에 남의 물건이나 큰돈이 보이면 훔치게 되지 않을까 싶다. 이런 사람들을 그저 기계적으로 처벌하는 것이 무슨 의미가 있는지 의문이 들었다. 나는 재판을 떠나서 법대 위에 밥상을 차려서 일단 배불리 먹여주고 싶었다. 처벌하기보다 이런 사람들이 적법한 방식으로 다시 살아갈 수 있도록 여건을 조성해주는 일(물론 이쪽이 훨씬 더 어렵다는 것을 안다)에 더 힘을 써야 하는 것 아닌가 싶다. 그런데도 나는 그 사람에게 상습적인 도벽이 있다는 이유로 법률에 따라 엄한 형을 선고해야만 한다. 이럴 때에는 인간의 존엄성에 상처가 나는 기분이다.

연구 결과에 따르면 처벌이 강하다고 범죄가 줄어드는 것은 아니지만 적발 빈도가 높아지면 범죄가 확연히 줄어든다고 한다. 이 말에 동의하는 것은 나 역시 교통규칙을 어긴 죗값을 자주 치러보았기 때문이다. 최근에도 부끄러운 일이 있었다. 새벽에 출근할 일이 생겨서 어두컴컴한 도로를 달리다보니 학교 앞 30킬로미터 미만 서행구간에서 이주 동안 두차례나 과속으로 단속이 되었다. 집에 고지서가 두차례나 날아오자 아내가 화를 내며 어떻게든 깎아보라고 닦달했다. 나는 별 뾰족한 수가 없으리라고 생각하면서도 할 수 없이 경찰에 전화해보았다.

어떤 직원이 받길래 같은 지점에서 두번이나 걸렸으니 혹시 감액하는 제도 같은 것은 없느냐고 물었다. 과일가게에서 여러개 샀다며 깎아달라고 말하는 것도 힘든데, 과태료 두번 받았다고 감액제도를 알아보려니 입이 잘 떨어지지 않았다. 그런데 그 직원이 예상대로 과태료 감액제도는 없다면서 덧붙이기를, 대단히 미안하지만 현재 세번째 고지서가 발송된 상태이므로 조만간 도착할 것이라고 했다.

나는 충격에 빠져 정말이냐고 거듭 물었다. 아내에게 세번째 고지서를 어떻게 말해야 할지 알 수가 없었다. 내가 더이상 말을 잇지 못하고 침묵하고 있자 그 직원은 내 감정을 공감해주려는 듯이 "정말 기분이 안 좋으시겠어요" 했다. 그 말을 들으니 나는 위로받은 것처럼 기분이 조금 좋아졌는데, 바로 그래서 내 자신이 너무 단순한 것 같아 기분이 다시 나빠졌다. 나는 혹시 세번째는 다르지 않을까 싶어서 "혹시 세번째는 할인 같은 거 없나요"라고 묻게 되었다. 직원은 당연히 "미안하지만 없습니다"라고 대답했고, 나는 그 와중에도 "아닙니다. 선생님이 미안하실 일은 아니지요"라며 법정에서 하던 진행용 멘트 같은 말을 했다. 물론 전직 판사라고는 말하지 않았다.


## 법정구속의 부담감


판사 입장에서 가장 부담스러운 것은 역시 법정구속이다. 이미 구속되어 있는 피고인은 별도로 법정구속을 할 필요가 없다. 그러나 불구속피고인에게 징역형을 선고하면서 집행유예를 하지 않으면 법정구속을 하는 것이 원칙이다. 재판장이 지금부터 법정구속을 하겠다고 하고, 변호인 선임권 등을 고지하고, 구속 사실을 누구에게 통보할지를 물어본 뒤에 구속영장을 검사에게 주고 집행을 하도록 한다. 그러면 법정에 나온 교도관이 피고인을 데리고 간다.

언젠가 젊은 남성 피고인을 법정구속하는데 방청석에 있는 젊은 임산부가 "판사님, 한번만 살려주세요"라면서 오열한 적

이 있었다. 갓 결혼한 아내였다. 피고인도 법정에서 무릎을 꿇
고 울부짖었다. 나로서는 굳은 표정으로 가만히 앉아서 경위와
교도관이 구속을 집행하는 것을 기다리고 있을 수밖에 없었다.
그러면서 내 자신이 정말 무정한 사람이 되는구나 싶었다. 십
년 전 일인데도 아직 잊히지 않는다.

  법정구속을 준비하고 구속영장까지 만들어서 갔는데 차마
구속을 못하고 돌아설 때도 있었다. 그 피고인은 보험영업을
하면서 수십군데 빚을 지고 있었는데, 정상적인 대화가 어려울
정도로 겁을 먹고 벌벌 떠는 상태였다. 차마 구속하지 못하고
한달 기회를 더 주었는데 그뒤에도 사정이 별반 달라지지 않았
다. 그래서 할 수 없이 실형을 선고하고 법정구속을 했는데 선
고 직후에 "꺅!"하고 비명을 지르면서 바닥에 털썩 주저앉아
버렸다. 교도관이 등을 툭툭 두드리면서 "괜찮아요, 괜찮아요"
라고 하며 겨우 데리고 들어갔다. 구금실에 들어가자마자 통곡
소리가 흘러나와 법정을 가득 채웠다. 나도 모르게 긴 한숨이
나왔다.

  선고기일에 판결 선고를 연기해달라고 요청하는 경우도 적
지 않다. 그중 사기죄와 횡령죄 피고인들이 피해자들에게 배상
을 하고 합의를 시도해보겠다며 시간을 달라고 하는 경우가 가
장 많다. 그런데 대개 연기를 해주어도 배상이나 합의를 할 돈
을 구하지 못한다. 당초부터 돈을 구할 능력도 생각도 없지만,

그저 판사에게 최선을 다하고 있다는 인상을 주고 싶어서 그렇게 말하는 피고인들도 있고, 법정구속을 조금이나마 늦추어보고 싶어서 그러는 경우도 있다.

그밖에 선고를 연기해달라고 요청하는 가지각색의 이유가 있다. 사귀던 여성이 더이상 자기를 만나주지 않는다며 술을 마시고 그 여성을 찾아가 목에 칼을 대고 위협한 남성 피고인이 있었다. 술을 안 마신 상태에서는 그렇게 순하고 선하고 심지어 수줍어 보이는 사람이 또 없을 것이다. 그러나 술만 취하면 물불 안 가리는 막무가내인 사람으로 돌변하는 것이었다. 죄가 중하고 피해자도 처벌을 원했기 때문에 실형을 선고하고 법정구속을 해야겠다고 마음먹고 있었고, 피고인도 각오를 하고 있었다. 그런데 그가 첫 선고기일에 재판을 연기해달라고 부탁했다. 자기가 감옥에 가고 나면 초등학교 삼학년인 딸을 돌봐줄 사람이 아무도 없으니(아내와는 오래전 이혼했다) 사람을 구할 시간이 필요하다고 했다. 나는 한달의 시간을 주었다. 그러나 한달 후에도 그는 딸을 맡길 곳을 아직 찾지 못했다면서 시간을 더 달라고 요청했다. 나는 이주를 더 주었다. 그는 이주 후에도 똑같은 말을 했다. 딸에게 재판을 받고 있다는 것을 말했느냐고 묻자, 그는 말하지 않았다고 대답했다. 나의 일방적 추측이지만, 아빠가 갑자기 사라진다면 딸은 아빠가 자기를 버리고 가버렸다고 생각할 것만 같았다. 어느날 집에 돌아와서 아빠가 없는 상황을 맞닥뜨려야 하는 어린 딸을 생각하니, 내 딸이 그런 상황이 되면 어떨까 싶어 마음이 너무 힘들었다.

그래서 또 이주를 더 주었다. 그러나 이주 후에도 피고인은 똑같은 말을 반복했다. 할 수 없이 법정구속을 했다. 순한 사슴 부녀의 목을 무참히 베는 기분이었다. 직원을 통해서 딸에게 아버지가 구속된 사정을 알려주라고 요청은 했는데, 그뒤로 챙겨보질 못했다. 그 딸이 어떻게 지내는지 지금도 궁금하다.

선고기일 직전에 피고인과 피해자가 극적으로 합의해서 선고 전날이나 당일에 합의서를 내는 일도 많다. (갑자기 예상치 못한 합의서가 들어오면 당황하게 될 때도 있다.) 이런 사건이 있었다. 어느 폭행 피해자는 경찰과 회사는 물론 재판부에도 가해자를 엄중하게 처벌해달라는 탄원서를 하루가 멀다 하고 지속적으로 제출했다. 그러자 혹시 실형이라도 받을까봐 겁이 난 가해자는 피해자와 합의를 시도했다. 피해자는 통상적인 경우보다 훨씬 더 많은 수천만원의 합의금을 요구했다.

선고하는 날 아침에 극적으로 합의서가 제출되었다. 피해자가 방청석에서 손을 번쩍 쳐들고는 환하게 밝은 얼굴로 가해자를 용서하겠다고 말했다. 그와 함께 제출한 합의서를 보니 '3,000만원'이라는 큰 금액이 적혀 있었는데, 그 금액이 볼펜 두줄로 찍찍 그어져 있고 '3,500만원'으로 수정되어 있었다. 오늘 아침에 만나서 값을 더 올려 부른 것이 틀림없었다. 유사한 다른 폭행사건에 비해서 합의금이 매우 컸다. 게다가 판결 선고일에 닥쳐서 가해자의 궁박한 상태를 이용해 합의금을 이렇게 올린 것이 과연 정당한지 의문이 들었다. 그러나 기본적으로 두 사람 사이의 합의 과정에 형사재판을 하는 판사가 함부로 개입하는 것은 매우 신중해야 하므로 법정에서 다른 말을 하지는 않았다.

그런데 사실 좀 당황스러웠던 것은, 피해자가 여러모로 가해자의 폭행을 도발한 측면이 있고 자신도 폭행을 같이 하였으며 피해 정도도 경미해서, 합의를 하지 않더라도 나는 징역형에 집행유예를 선고할 생각이었다는 것이다. 그렇다고 내 입장에서 굳이 합의하겠다는 사람들을 말리면서까지 집행유예를 할 것이라고 미리 알려줄 수도 없는 노릇 아닌가.


## 마음속으로 건네는 작별 인사

선고는 내 입장에서는 피고인과의 작별의 시간이다. 작별 인사를 하고 싶고 애도하고 싶다. "미안합니다. 유감입니다. 그래도 기죽지 말고 사세요. 당신을 나쁜 사람이라 생각지 않습니다. 그러나 피해자가 훨씬 더 아픕니다. 잘 살아요. 잘 가세요." 물론 그런 말들은 마음속으로만 외칠 뿐 입 밖으로 내지는 못

한다.

마지막 재판의 마지막 선고를 한 날에는 마음속으로 한 말의 목소리가 평소보다 더 컸다. 겉으로는 별 다를 바 없었다. 마지막 재판이라고 해서 피고인들과 일일이 포옹을 할 수는 없지 않은가. 보통은 선고를 하고 곧바로 자리에서 일어나는데, 마지막 재판이 끝났으니 동료들과 기념촬영을 하기 위해 피고인들과 그 가족들이 모두 돌아갈 때까지 법대 위에 앉아서 기다렸다. 법정에서 법복을 입고 행사하던 권능을 이제 영원히 잃어버린다고 생각하니 슈퍼맨이 초능력을 잃고 영원히 클라크가 되는 듯한 기분도 들었다. 한편으로는, 진실을 다 알지 못하면서 타인의 무거운 사건에 개입하는 일을, 인생을 꿰뚫어보는 현자도 아니면서 감히 타인의 인생을 판단하는 일을 더이상 하지 않게 되어 홀가분하기도 했다.

그런데 그날 조금 신기한 일들이 있었다. 돌아가던 피고인들 가족 중 한명이 돌아서서는 법대 앞으로 다가와서 나를 향해 큰 목소리로 항의했다.

"내 아들은 아무 잘못 없어요. 저놈(공범) 때문에 인생을 조진 거예요."

나는 자리에서 일어나 그녀의 말을 들으면서 말했다.

"그렇습니까. 그렇습니까. 네, 네. 알겠습니다. 알겠습니다."

이미 선고가 끝나서 아무것도 할 수 없는 사건에 대해서 내가 할 수 있는 건 그런 형식적인 반응뿐이었다. 그러나 나중에 사무실로 돌아오면서는 "어찌 되었건 어머님이 속이 많이 상하셨겠네요"라는 말 한마디 할 것을 그랬나 하고 후회가 되었다.

그 아주머니가 가고 나자 이번에는 또 다른 피고인의 어머니가 법대 앞으로 다가왔다. 내게 고맙다고 인사하고 싶다면서 두 손을 앞으로 공손히 모아서 머리를 한껏 숙이셨다. 자신의 아들이 구속될 줄 알았는데 집행유예로 나오게 해주어서 감사하다는 것이었다. 집행유예도 유죄판결이므로 나는 내심 젊은 아들을 전과자로 만든 것 자체가 미안해졌다. 나는 그 아주머니에게 "그렇게 말씀해주셔서 고맙습니다. 아드님이 인물도 좋던데 결국 잘 될 겁니다"라고 했다. 그 역시 나중에 생각해보니 "마음 고생 많으셨겠습니다"라는 말부터 했어야 하는데 하며 후회가 되었다.

그로부터 한주 전에는 마약범 피고인에게 실형을 선고한 사건이 있었다. 그러자 피고인의 어머니가 내게 아들을 풀어달라며 면담 신청을 했다. 이미 끝난 사건인데 판사가 당사자를 만나면 오해와 문제가 생길 수 있어 통례에 따라 거부했다. 그 어머니는 추운 날씨에 세시간 동안 법원 문 앞에서 울다 가셨다고 들었다. 그때 몸을 사리지 말고 그냥 법정으로 불러서 말씀이나 들어드릴걸 하는 후회도 사무실로 돌아오는 길에 들었다.

평소답지 않게 자꾸만 후회의 마음이 생겼던 것은 역시 모두 마지막 재판이었기 때문이었다. 난데없이 출현한 다수의 어머니들 때문에 문득 잊고 있었던 내 어머니가 떠오르기도 했다. 나를 판사로 만든, 내가 판사가 된 건 못 보고 떠나신 내 어머니. 한때는 내가 진정으로 원하는 길로 밀어주기보다는 당신 욕심에 지극히 세속적이고 재미없는 길로 자식의 등을 떠미는 것 같아서 어머니를 원망한 적도 있었다. 이런저런 집안 형편 때문에 내가 속수무책으로 내 길이 아니라 부모님의 길을 갈 수밖에 없었던 것도 두고두고 회한으로 남을 것만 같았다. 그러나 세월이 흘러 나도 자식을 키우게 되면서 그 마음을 점차 이해하게 되었다. 이 세상이 아름답고 평화롭고 안전해서 마음껏 뛰어놀아도 되는 초원이 아니라 독초와 독사와 사나운 짐승이 수시로 출몰하는 야생의 밀림이라는 것을 깨닫게 되니, 나도 내 자식에게 아무 데나 가서 아무렇게나 뛰어놀라고 장려할 수 없게 되었다. 실로 판사직은 나에게 분에 넘치도록 좋은 자리였다. 판사라는 이유로 나이와 깜냥에 비해 과분한 대접을 받았다. 수많은 사람들로부터 세계문학전집보다 더 생생한 삶의 비밀을 들을 수 있었다. 내가 옳다고 믿는 대로 사건의 최종 운명을 결정할 수 있었다. 그 모든 것이 어머니 덕분이다.

그때 법관전용문이 열리더니 동료 판사들이 법복을 입고 법대 위로 올라왔다. 우리는 함께 처음이자 마지막으로 법복을 입은 채로 법정에서 기념 사진을 찍었다. 이어서 참여관, 실무

관, 속기사, 경위와도 함께 사진을 찍었다. 법정이라는 공간에
서 동료들과 마지막 사진을 찍고 있으니, 그간의 십여년 판사
생활과 나의 삼십대가 고스란히 동결되어 사진 속에 박제되는
것 같았다. 나의 마지막 재판의 마지막 순간이자, 지금까지와
는 완전히 다른 새로운 삶의 시작이었다.

# 사는 듯 사는 삶을 위해

저의 최대 관심사는 사는 듯 사는 삶입니다. 매일 아침 아파트 입구를 나설 때, 뜨거운 음식이 식기를 기다릴 때, 버스 창밖을 내다보다가 초점이 흐려질 때, 비 오는 날 우산 위로 통통 떨어지는 빗방울 소리를 듣다가 '레드 썬' 최면 신호에 걸린 것처럼 멍해질 때, 문득 나는 사는 듯 살고 있는가를 생각합니다.

화창한 날 손등 위에 쏟아지는 햇볕의 감촉에 집중하거나, 차로 가면 금방인 출퇴근길을 오랜 시간 땀을 뻘뻘 흘리며 자전거를 타고 가거나, 특별한 용건 없이 그저 시답잖은 이야기를 나누려고 짬을 내서 친구를 만나거나, 욕실에 넣어두는 수건을 정성스럽게 각을 맞추어 개어놓거나, 돌아서면 잊어버릴 두꺼운 소설책을 몇주에 걸쳐서 힘겹게 읽어내거나, 사 먹으면 더 맛있을 요리를 집에서 손수 만들어 먹거나, 언제 그만둘지 모르는 독서모임(이름하여 '언그독')을 만들어서 아직 그만두지 않거나, 한번씩 큰 길을 두고 사람의 흔적이 없는 샛길을 홀로 걸어보거나, 남들이 믿지 않는 일이나 사람을 부러 믿어보거나, 때로는 체면보다 의미를, 실리보다 재미를 선택하거나, 이렇게 이미 지난 판사시절에 대한 원고를 장시간 붙잡고 있는 것도, 모두 사는 듯 살기 위해서입니다.

판사의 길을 갈 때에도 제가 설정한 내비게이션의 목적지는 사는 듯 사는 삶이었습니다. 하루하루 판사로서의 임무를 수행한다는 인식 외에 한 인간으로서의 삶을 살아내고 있음을 각성했습니다. 법정에서 피고인을 만날 때마다 저 분은 어떠한 사는 듯 사는 삶을 지향하다가 어떻게 난관에 부딪힌 것인지를 짚어보곤 했습니다. 다수와 윗사람과 의견이 다를 때에도 제 의견을 숨기지 않았고, 기존의 관행과는 다르더라도 더 낫다고 생각하는 방식으로 재판을 시도해보기도 했습니다. 과중한 업무량과 경쟁에 삶을 매몰시키고 싶지 않아서, 부러 고향과 가까운 지방의 작은 법원에서 머무르며 법정에서는 재판 당사자들을 오래 만나고 퇴근 후에는 저녁과 주말이 있는 삶을 살았습니다.

사는 듯 사는 삶을 위해서 기존과 다른 선택을 할 때마다 그 다름의 조각이 열쇠가 되어 새로운 세계로 들어가는 문이 열리곤 했습니다. 가령 판사로서의 성공에는 별 도움이 되지 않는 국제법을 재미와 의미에 따라 전공한 덕에 국방부 국제협력국, 외교부, 유엔국제형사재판소에서 일하는 드문 기회를 얻었고, 먼 사람은 비웃고 가까운 사람은 말리는데도 기어코 소설을 쓴 덕에 지금도 문학의 정원에서 놀 수 있게 되었습니다. 하지만 사는 듯 사는 삶을 충분히 영위하기에는 판사 생활 자체의 한계가 적지 않았습니다. 시간적, 심리적인 여유가 희박했고, 일과 경력의 전개가 컨베이어 벨트 위에 놓인 것처럼 획일적인 코스를 따라가곤 했습니다.

판사 시절, 야근을 하다가 지치면 사무실의 창문 앞에 서서 밤하늘을 올려다보면서 별을 찾곤 했습니다. 지구에 사는 인간이 태양과 가장 가까운 항성인 '프록시마 켄타우리'에 가려면, 시속 육만 킬로미터가 넘는 우주선을 타고 가더라도 이만 오천년이나 걸린다고 합니다. 태양과 가장 가까운 별까지의 거리가 그렇게 멀다고 하니, 별들이 천억개 이상 있다는 은하계나 그런 은하가 천억개 이상 있다는 우주는 대체 얼마나 넓은지 가늠조차 되지 않습니다.

그런데 사람의 눈동자 하나에는 온 우주에 있는 별들보다 더 많은 수의 원자들이 들어차 있다고 합니다. 그런 복잡하고 광활한 인간을 놓고 유죄와 무죄, 적법과 위법 같은 단선적인 잣대를 들이대고 있으면, 때로 제 자신이 프로크루스테스가 되는 것은 아닌가 싶었습니다. 프로크루스테스는 지나가는 나그네를 침대에 묶어놓고 몸이 침대보다 길면 잘라 죽이고 짧으면 늘여 죽이던 그리스신화 속 인물입니다. 언젠가부터 프로크루스테스의 침대를, 세상을 말과 글로만 간접적으로 접하는 좁은 법정을 떠나고 싶었습니다. 허공에 머물며 멀찍이서 세상을 내려다보는 새의 삶이 아니라 온몸으로 대지를 뒹구는 뱀의 삶을 한토막이라도 살아보고 싶었습니다. 그것이 사는 듯 사는 삶이라 생각했습니다.

네덜란드 유엔국제형사재판소에서 파견근무를 할 때 일본 소설가 나쯔메 소오세끼의 편지를 읽게 되었습니다. 그가 영국 유학을 마치고 귀국할 때 쿄오또대 영문학과 교수직을 거부하고 소설가가 되기로 결심하면서 친구에게 쓴 편지였습니다. "유학을 마치고 돌아오는 길에 결심했네. 다시는 지금까지처럼 살지 않겠다고. 내가 얼마나 위대할 수 있는지 시험해볼 기회가 없었네. 스스로를 신뢰한 적이 없었네. 이제는 혼자 힘으로 가는 데까지 가다가 막다른 골목을 만나면 거기서 쓰러지겠네." '위대한' 운운은 저에게 해당사항이 없어 별 감흥이 없었지만, "스스로를 신뢰한 적이 없었네"라는 구절은 그날 이후 마음속에서 떠나지 않았습니다. 그동안 제가 안전하다는 길만 좇아온 것이 스스로를 신뢰하지 않았기 때문인 것 같았습니다.

혼자 힘으로 가는 데까지 가보는 시기가 있어야만 제 자신에게 덜 미안해질 것 같았습니다. 그러기 위해서는 먼저 제 이름보다 무거운 판사 직함을 서둘러 떼어내야 한다고 생각했습니다. 일년 뒤 부장판사가 되고 나면 몸이 더 무거워져서 새로운 일을 시작할 결기도, 기회도 사라질 것 같았습니다.

네덜란드에서 귀국하고 일년간의 형사재판을 마지막으로, 저는 계획했던 대로 사직했습니다. 그후 행정부로 가서 법률 업무가 아닌 일반행정 업무를 시작했습니다. 축구로 치면 심판 생활을 먼저 하다가 나중에 선수가 된 셈입니다. 심판일 때와는 달리 공도 차보고, 승리의 환희와 패배의 좌절을 팀원들과 함께 맛보고, 다른 편에게 반칙도 당하고 몸싸움을 하다 상처도 입습니다. 그 과정에서 저의 단점과 한계를 발견할 때마다 오히려 제 자신이 확장되는 느낌이 들었고, 삶의 여정이 당초 계획한 궤도에서 멀어질수록 '에라 모르겠다'식의 홀가분한 체념과 무모한 용기가 생겨났습니다.

그렇게 새로운 세계에 젖어드는 와중에도 틈틈이 이렇게 판사 때의 일을 써왔던 것을 보면, 제 몸은 진작 법정을 떠났지만 제 마음은 미처 떠나지 못했던 것 같습니다. 그러나 글을 마감하고 에필로그를 쓰고 있으니, 이제야 비로소 제 마음까지도 온전히 떠날 준비가 되었음을 느낍니다. 이제는 놓아주어야겠습니다. 사는 듯 살고자 하던 사람들로 가득했던 법정을, 무거

운 책임이 짓누르던 법복을, 수만건 기록을 넘긴 골무를, 적법
과 위법의 이분법을, 옳음과 그름을 따지는 강박을, 고결함에
미치지 못한다는 자격지심을, 온통 법이었던 스물과 서른의 모
든 날들을, 그리고 괜한 미안함뿐이었던 재판 중에 만난 모든
분들을.

# 지금부터 재판을 시작하겠습니다
소설 쓰는 판사의 법정 이야기

초판 1쇄 발행 / 2018년 11월 15일
초판 3쇄 발행 / 2019년 1월 3일

지은이 / 정재민
펴낸이 / 강일우
책임편집 / 한인선 최지수
조판 / 신혜원
펴낸곳 / (주)창비
등록 / 1986년 8월 5일 제85호
주소 / 10881 경기도 파주시 회동길 184
전화 / 031-955-3333
팩시밀리 / 영업 031-955-3399 편집 031-955-3400
홈페이지 / www.changbi.com
전자우편 / nonfic@changbi.com

ⓒ 정재민 2018
ISBN 978-89-364-8633-4 03300

* 이 책 내용의 전부 또는 일부를 재사용하려면
  반드시 저작권자와 창비 양측의 동의를 받아야 합니다.
* 책값은 뒤표지에 표시되어 있습니다.